Cyngor Sir Caerfyrddin

## LLYFRGELL Y SIR

# JOHN GWILYM JONES:

## Cyfrol Deyrnged

*John Gwilym Jones wrth ei waith. Mae stydi grand yn y tŷ ond yma, wrth fwrdd y gegin, y myn weithio.*

# JOHN GWILYM JONES :
## Cyfrol Deyrnged

Golygwyd gan
**Gwyn Thomas**

Christopher Davies

Cyhoeddwyd gyntaf 1974

Cyhoeddwyd gan
Christopher Davies (Cyhoeddwyr) Cyf
Llandybie
Rhydaman
Dyfed

Argraffwyd gan
Wasg Salesbury Cyf
Llandybie
Rhydaman
Dyfed

ISBN 07154 0180 7

# Cynnwys

# Rhagair

Os na fydda' i'n ofalus mi'm caf fy hun yn un o brif olygydd-
ion cyfrolau teyrnged Ynys Prydain gan imi eisoes fod yn gyd-
olygydd i gyfrol am Saunders Lewis. Yr ydw i'n sicr, ddiogel
ynghanol y traddodiad mawl Cymraeg. Eithr 'does dim rhaid
imi ymesgusodi; wedi cael braint o ymhel â dwy gyfrol i ddau
ŵr sydd yn haeddu mawl yr ydw i. Mawl, sylwer, nid gweniaith
(gweniaith ydi mawl heb haeddiant), eithr nid mawl dall na di-
halen ychwaith, gobeithio.

Syniad Mr. Alun Talfan Davies oedd y gyfrol hon yn wreiddiol.
Fe gododd, am 'wn i, o gyfarfod teyrnged a gynhaliwyd yng
Ngholeg y Brifysgol, Bangor, i John Gwilym Jones ar ei ymddeol-
iad o fod yn Ddarllenydd yn Adran y Gymraeg yno. Prif anhaws-
ter golygu cyfrol fel hyn oedd ei bod hi'n amhosib gofyn am
gyfraniad i bawb a allai fod wedi cyfrannu'n raenus iawn; rhaid
imi ymddiheuro i'r rhai na ofynnwyd iddynt.

Fe welir fod mân anghysonderau rhwng gweithiau gwahanol
gyfranwyr i'r llyfr: er enghraifft, ceir 'Caedoctor' a 'Cae Doctor',
defnyddir dyfyn-nodau y tu fewn i atalnodau ar dro a thro arall
y tu allan iddyn nhw, ysgrifenna un 'deialog' ac un arall 'dialog',
etc. Ni theimlais ei bod hi'n werth imi ymyrryd mewn pethau fel
hyn.

Yr ydw i, wrth reswm, yn dra diolchgar i bawb a gyfrannodd
i'r gyfrol hon, i Mr. Geoffrey Charles a Mr. Douglas Madge am
help efo'r lluniau, ac i'r wasg am ddod â hi i olau dydd.

GWYN THOMAS

# Manylion Bywgraffyddol

1904        27 Medi. Ganwyd yn y Groeslon, Sir Gaernarfon, yn unig blentyn Griffith Thomas Jones a Jane Jones.

1908-16     Ysgol Elfennol Penfforddelen, Groeslon.

1916-21     Ysgol Ramadeg Pen-y-groes.

1921-22     *Pupil teacher* yn Ysgol Penfforddelen, Groeslon.

1922-26     Coleg Prifysgol Gogledd Cymru, Bangor.

1926-30     Athro yn Ysgol Elfennol, Millfields Road, Clapton, Llundain.

1930-44     Athro yn Ysgol Ganol, Llandudno.

1944-48     Athro yn Ysgol Ramadeg, Pwllheli.

1948-49     Athro yn Ysgol Ramadeg Pen-y-groes.

1949-53     Cynhyrchydd Drama efo'r Gorfforaeth Ddarlledu Brydeinig.

1953-71     Darlithydd, ac yna Darllenydd yn Adran y Gymraeg, Coleg Prifysgol Gogledd Cymru, Bangor.

1973        D.Lit. Prifysgol Cymru Er Anrhydedd.

# Araith i gyflwyno John Gwilym Jones am y radd o Ddoethur mewn Llên er Anrhydedd

## gan

## Melville Richards

Anrhydeddus Is-Ganghellor:

Pan ymddeolodd John Gwilym Jones o fod yn Ddarllenydd Adran Gymraeg Coleg Prifysgol Gogledd Cymru ddwy flynedd yn ôl, cynhaliwyd cyfarfod teyrnged iddo a erys yn dystiolaeth hyfryd ym mhrofiad y sawl a oedd yn bresennol. Yr oedd hyn yn achlysur yn hanes y Coleg hwn.

Cafodd yrfa amrywiol: ar un adeg dysgai Saesneg mewn ysgol; ymunodd â'r Gorfforaeth Ddarlledu Brydeinig; a daeth yma i Adran Gymraeg Bangor i atgyfnerthu'r traddodi ar feirniadaeth lenyddol ac i gefnogi a chynorthwyo ysgrifenwyr ifainc addawol.

Fe'i profodd ei hun yn ddarlithydd disglair ac yn symbylydd di-ail ar fyfyrwyr. Dan ei aden dyner ef cododd cywion beirdd, nofelwyr, dramodwyr, ysgrifwyr a storïwyr, cywion sydd bellach yn adnabyddus trwy Gymru oll, ac erbyn hyn y mae 'ceiliogod y Colegau', wedi magu ystyr newydd. Gellir yn deg ac yn gyfiawn sôn am 'ysgol Bangor' ym myd llên a beirniadaeth lenyddol; tecach byth fyddai sôn am 'ysgol John Gwilym'.

Mae gwaith gŵr Prifysgol yn syrthio'n naturiol yn dair rhan. Un yw bywyd beunyddiol yr Adran a'r Coleg, y pwyllgora a'r gweinyddu. A chystal imi gyfaddef ar unwaith nad dyma gryfder John Gwilym. Pan fyddwn yn gofyn am ryw waith ganddo, megis cwestiynau ar gyfer arholiad gradd, ei ymateb greddfol ac anymwybodol fyddai troi, a dweud, 'Enid,—ar be rydw'i wedi bod yn darlithio eleni?' Ond, ac y mae hwn yn 'ond' arwyddocaol,

1

byddai'r cwestiynau yn cyrraedd bob amser mewn pryd, a hynny mewn llawysgrifen gymen a destlus a chlir.

Yr ail ran yw darlithio: y cyfan y gellir ei ddweud yma yw ei bod hi'n dra amheus a fu i unrhyw fyfyriwr yn yr Adran Gymraeg erioed golli un o ddarlithiau John Gwilym o fwriad. Fe dywysodd gannoedd o fyfyrwyr trwy'r clasuron rhyddiaith a barddoniaeth; fe'u dysgodd sut i frawddegu, sut i baragraffu, sut i gyfansoddi. Ac yr oedd eu cariad a'u serch ato yn cydredeg yn hardd ac yn ddymunol â'i bersonoliaeth hynaws a theimladwy ef ei hun. Yn wir, fe ddaeth yn draddodiad i John Gwilym weithredu'n was priodas pan ddeuai rhamant a ddechreusai yn nyddiau Coleg i'w llawn dwf.

Yn drydydd, disgwylir i ŵr Prifysgol gyfrannu at ei bwnc a'i hyrwyddo ym mhob rhyw fodd. Ac y mae cyfraniad John Gwilym Jones yma yn anfesuradwy. Nodwn ei dair drama ar ddeg; nodwn ei straeon byrion; nodwn ei erthyglau beirniadol a'i feirniadaethau Eisteddfod. Nodwn ei deithiau mynych ar hyd a lled Cymru, a'r miloedd darlithiau cyhoeddus a draddododd yn ystod ei yrfa. Nid rhyfedd mai enw ei gartref yw 'Angorfa'—mae gofyn cael angor i gadw'r gŵr hwn i lawr. Yn olaf, ac efallai'n bennaf, nodwn gyfraniad John Gwilym Jones i fyd y ddrama ymarferol, y cynhyrchu, yr hyfforddi actorion ifainc; efe *yw* Cymdeithas y Ddrama Gymraeg yn y Coleg hwn gyda'r cynhyrchiad blynyddol a ddisgwylir yn eiddgar gan filoedd.

At hyn oll byddwn yn cofio rhai o'i ymadroddion: 'boi bach'; 'rwy'n deud y cyfiawn wir'; 'nid 'sglaig ydw'i, wsti'. 'Sglaig neu beidio, da fyddai inni gofio bod y gair 'doethur' yn deillio oddi wrth y gair Lladin 'doctor', ac mai ystyr wreiddiol 'doctor' oedd 'athro, dysgawdwr'. Oherwydd hyn, syr, mae'n gwbl deilwng a haeddiannol imi gyflwyno John Gwilym Jones yn Ddoethur mewn Llên er Anrhydedd.

# Cywydd i gyfarch John Gwilym Jones ar ei Ymddeoliad

## gan

## Derwyn Jones

Pwy'n annwyl mewn penwynni?
Pwy'n llanc? Pwy'n ieuanc fel ni?
Pwy yw'r newydd Ddafydd Ddu
Yn Arfon fu'n cynhyrfu
Cywion amgenach cawell,—
A chywion iau â chân well?
Dramodydd â'r drem hudol,
A rhes addolwyr o'i ôl.

Pwy o'i stad fel beirniad beirdd
Yn profi awen prifeirdd?
Dirwyn cudd ystyron cân,
A'r cof yn uno'r cyfan;
Trymhau cerdd yn batrwm caeth
Cyfrodedd cyfeiriadaeth,
A gweld camp a golud cudd
Y nwydus Bêr-ganiedydd.

O'n beirdd rhoi Bob Parry'n ben,
A'i le i Ddaniel Owen;
Dweud ymhell am alltud Môn,
Goronwy a'i gywreinion.

Cofio'n hir, yn wir, a wna
Y ddamwain bell oddi yma;
Uwch ei loes bu gwae achlân,
Gofid trwy genedl gyfan.
Ond gŵr yw na hidia graith,
Yn ôl daw'n hogyn eilwaith;
Daw o dân pair dadeni
I lain hoff ein cenedl ni.

Ein cenedl, yn awr cyni,
Ei ofid ef ydyw hi;
Dewr iawn ym mrwydr ei heniaith,
Heb ffalster, heb chwerwder chwaith.
Gwae'r anwr a ymgreinia
Er llwydd, neu swydd a'i llesâ,
A'r sinig cyfrwys, heini,
A wrthyd ei hadfyd hi.

Yn hygar chwech a thrigain
Am oes fe fu'n fachgen main;
Daw'n hŷn, ond nid â'n henwr
Yr hogyn gwyn ar lun gŵr.
Hir barhau bo'r oriau rhydd
I gawr llên, a Gŵr Llonydd.
O'r Groeslon dirion nid â
I erfyn gwell Angorfa;
Daniel Owen o lenor,
Einioes dau iddo'n ystôr.

'Rwyf yn ddiolchgar iawn i'r Athro Caerwyn Williams ac i Wasg Gee am adael imi ddefnyddio'r cywydd hwn a ymddangosodd gyntaf yn Ysgrifau Beirniadol VIII.—GOL.

4

# GAIR O BROFIAD

# Gair gan Gyfaill

## Thomas Parry

Peth hawdd, ac nid cwbl ddi-fudd efallai, fuasai nodi a thrafod y paradocsau ymddangosiadol yng nghymeriad John Gwilym Jones—y gŵr sy'n adnabod ac yn cydnabod doniolwch y munud y gwêl ef, ond sy'n dra difri yn ei holl waith llenyddol; yn drawiadol drwsiadus ei wisg, ond heb fod byth yn siŵr ym mha boced y mae ei bres na goriadau ei gar; yn cyfaddef ''fu gennyf erioed gynllun i'm darllen—dim ond darllen pob math o bethau yn Gymraeg a Saesneg yn driphlith draphlith', ac eto cynnwys y darllen hwnnw yn gyfundrefn daclus yn ei feddwl ef ei hun; yn unlliw bendant ei farn ar wendidau dyn a chymdeithas, ac yn pryderu'n ingol yn eu cylch, ond nid i argyhoeddi na diwygio yr ysgrifennodd, er y geill y diwygiwr dynnu amryw wersi llesol o'r hyn y mae'n ei ddweud.

Y mae dros hanner can mlynedd o gyfeillgarwch di-fwlch yn dipyn o beth. Yn anad dim, y mae'n rhoi i ddyn y fraint o sylweddoli a rhyfeddu fod y cymeriad amlweddog hwn wedi datblygu o hogyn bach go ddi-liw, oherwydd dyna oedd pan gyfarfu ef a minnau am y tro cyntaf ar iard ysgol Penfforddelen ryw fore Llun, ac yntau'n dweud ein bod ni'n dau wedi cael gwobr yn arholiad y Gymanfa y Sadwrn cynt. Y mae ef wedi dadlennu cryn dipyn arno'i hun o bryd i bryd. 'Babi o hogyn oeddwn i, ofn fy nghysgod'; ac mewn man arall, 'Ni theimlais i erioed yn hapus ymysg criw o fechgyn'. Gyda'i nain yng Nghaedoctor, 'yno'n unig yr oeddwn i'n eofn rydd, ar fy mhen fy hun yn gawr i gyd heb orfod cystadlu â neb'. Un felly'n union oeddwn innau, a hyn efallai a ddaeth â ni at ein gilydd ar y cychwyn. Ar awr ginio yn ysgol Pen-y-groes byddai ef a minnau'n mynd am dro ar ein pennau'n hunain, yn hytrach na mynd efo'r gweddill i gicio pêl neu gymowta hyd y pentref.

Buasai'n dda gennyf allu dadansoddi swildod. Pam yr oedd cynifer o'n cenhedlaeth ni yn dioddef oddi wrtho, a chyn lleied o'r genhedlaeth ifanc heddiw? Fe ddichon ei fod yn rhywbeth cynhenid yn ein natur, rhywbeth oedd yn rhan o'n cymeriadau pan anwyd ni, ond ni wn i ddim pam y dylai hynny fod. 'Rwy'n amau fod a wnelo'r addysg a gawsom rywbeth ag ef—ein cyfarch a'n cyfarwyddo mewn iaith nad oeddem yn deall mo'i hanner, heb roi cyfle inni byth i fynegi ein meddyliau amrwd ar lafar yn yr iaith honno (na'n hiaith ein hunain chwaith), ar lafar, sylwer, oherwydd fel y dywedodd fy nghyfaill yn ei Atgofion, gallem ysgrifennu Saesneg rhyfeddol o gywir, a graenus hyd yn oed, heb allu ei siarad â dim rhwyddineb. Un o brif achosion swildod yw atalfa ar ddawn dyn i ddweud ei feddwl. Gyda thro'r blynyddoedd y mae dyn yn bwrw llawer o'i swildod, ond nid byth yn gyfan gwbl, oherwydd daw ambell gyswllt yn y pedwar amser pan fydd dyn yn mynd i'w gragen ac ymguddio'n anesmwyth.

Yn rhyfedd, nid yw swildod yn difetha hwyl neb yn ifanc, nac wedyn chwaith. 'Mae bywyd ynddo'i hun yn werth ei gael,' ebe John Gwilym Jones, 'yn gelfyddyd er mwyn celfyddyd; o leiaf y mae wedi bod yn werth ei gael i mi'. Ac meddai eilwaith, 'Bu fy mywyd yn un di-liw o hapus'. A'r rheswm am hyn yw fod gan y dyn swil ryw nodweddion eraill yn ei bersonoliaeth sy'n dra gwerthfawr iddo. (Fe ellid dweud y peth fel hyn: fod y negyddiaeth sydd ynglŷn â swildod yn rhoi bod i gyneddfau cadarnhaol gwrthweithiol sy'n gwneud iawn i'r dyn swil am ei gyflwr. Ond fe fyddai hynny'n debyg i ryw ffug seicoleg.) Y peth sy'n digwydd yw ei fod yn mynd i dynnu ar ei adnoddau ei hun a meithrin y gallu i fyw'n hapus heb gwmni. A mynd yn ôl i Gaedoctor at y nain, yr oedd y bachgen yn gwbl hapus yn dringo coed, heb neb i'w sbeitio os oedd yn methu, dal pysgod yn yr afon â'i ddwylo, hel eirin, hel blodau, dal cacwn mewn pot jam, a mathau eraill o wrhydri, a'r amod holl-bwysig, "Doedd yno neb i chwerthin am fy mhen'. Nid oedd raid mesur y campau hyn wrth gampau bechgyn eraill, na dioddef oherwydd rhagoriaeth y rheini, a 'doedd dim rhyfedd fod y bachgen 'yn gawr i gyd'.

8

Yr oedd cwmni cydnaws, heb fod yn broblem o gwbl, yn y gist o dan y gwely yng Nghaedoctor, mewn rhifynnau o *Cymru* a *Chymru'r Plant* a rhyw lyfr yn rhoi hanes Gwylliaid Cochion Mawddwy, ac yr oedd darllen y rhain yn rhoi boddhad cyflawn, fel wrth gwrs yr oedd pob darllen. Arwyddocaol iawn oedd yr hyn a ddigwyddodd pan oedd y bachgen dipyn yn hŷn, tua phymtheg efallai, a phrifathro'r ysgol ym Mhen-y-groes wedi penderfynu am unwaith yn ei fywyd roi gwobrau i'r rhai oedd ar frig y rhestr yn y gwahanol ddosbarthiadau. Aeth â nifer ohonom i'w ystafell, a dweud wrth bob un am ddewis llyfr o blith amryw o lyfrau gwahanol iawn eu gwerth a'u natur. Dewisodd un ohonom gyfrol yn cynnwys holl weithiau Shakespeare. Yr oedd chwaeth hwnnw yr un ag eiddo'r bachgen yn *Y Dewis*: 'Nid oedd dim ar wyneb daear a fwynhâi Caleb yn fwy na dramâu Shakespeare'.

Nid cwbl ffansïol yw'r gwrthgyferbyniad y mynnir weithiau ei fod rhwng y sawl sy'n ymhyfrydu ym mhethau'r meddwl neu'r deall—ac ymroddiad i ddarllen yn arwydd o hynny—a'r sawl sy'n ymroi i orchwylion sy'n gofyn deheurwydd dwylo. Fe wyddom, mae'n wir, am y gweinidog neu'r athro darllengar neu'r ysgolhaig myfyriol sydd hefyd 'yn dda efo'i ddwylo'. (John Morris-Jones a'i glociau a Syr Thomas Parry-Williams yn diberfeddu ei gar.) Nid gŵr felly yw John Gwilym Jones. Meddai amdano'i hun, "Fedrwn i ddim hyd yn oed chwarae marblis neu rowlio cylchyn neu chwipio top yn dda, heb sôn am gicio pêl glwt neu swigen lard o ladd-dy John Thomas, Bwtsiar'. A hyd y dydd hwn ni eill wneud fawr fwy â'i ddwylo na chlymu ei dei a chareiau ei esgidiau, er bod crefft yn amlwg yn ei deulu, ei dad yn saer maen a'i ewyrth, John Williams, yn saer coed.

Gan fod y pethau hyn i gyd felly, y mae'n dilyn fod yr 'un bach ofnus, llywaeth' yn dibynnu llawer ar nawdd ei gynefin agosaf, ac y mae'n sôn amdano'i hun yn cael ei 'lapio'n dynn yng nghadachau fy nhad a'm mam a'm nain a'm hewyrth John'. Ni welais i erioed mo'r nain odidog honno oedd ganddo yn Llandwrog, ond mi adwaenwn y tri arall yn dda, a mawr iawn fy mharch a'm hoffter tuag atynt. Gŵr tal tenau oedd Griffith Jones, yn fwyn ac yn ddiddig efo'i bibell a'i siag, a Jane Jones yn fechan ac yn gyfrifol am y siarad, nid yn chwyrlïog a di-saib fel llawer o'r pencampwragedd, ond yn bwyllog hamddenol. Un o'i phrif hoffterau oedd mynychu angladdau, os oedd y gydnabyddiaeth leiaf rhyngddi a'r marw neu'r teulu. Yr oedd hi a'm mam innau yn gyfeillion mawr, ac yn synio'n gyffelyb am bopeth o bwys mewn bywyd. Ei brawd hi oedd John Williams, yr ewythr a fu'n un o'r teulu am flynyddoedd, gŵr oedd, yn wahanol i'r ddau arall, yn malu ei eiriau'n fân iawn ac yn mynnu dweud ei stori.

Ni chafodd yr unig blentyn erioed ei fwytho gan ei rieni, a rhyw duedd i biffian chwerthin oedd ynddynt wrth grybwyll ambell gamp o'i eiddo, ond yr oedd hynny'n cuddio balchder digon cyfiawn a theg. Dyma'r hafan lle'r oedd ef yn angori'n fodlon, ac a'i denodd i chwilio am swydd yng Nghymru ar ôl bod yn athro ysgol yn Llundain am rai blynyddoedd. Fe dalodd ei ddyled yn llawn, oherwydd trwy gydol y misoedd hir o waeledd olaf ei fam bu'n gweini arni â gofal cariadus na welais i erioed ei debyg, ac ymhen blynyddoedd wedyn rhoes swcwr siriol i'w dad yr un fath.

I'r sawl sy'n gwybod hyn diddorol iawn yw'r lle amlwg sydd i deulu yn y gweithiau llenyddol. O fewn ffrâm teulu y gosodwyd y nofel *Y Dewis* a'r holl ddramâu sydd wedi eu cyhoeddi hyd yma, ac eithrio *Hanes Rhyw Gymro,* a hyd yn oed yn honno, fel y sylwodd yr Athro Geraint Gruffydd, y mae Morgan Llwyd 'yn y diwedd yn ymdawelu'n syml yng nghariad ei wraig a'i deulu'. Y mae'n wir fod teulu ar dro yn cyfyngu ar lwyr ryddid dyn Yn *Y Dewis* y mae gan Nesta fwy o annibyniaeth na Chaleb, oherwydd 'na theimlodd erioed glymau teulu'. Ond y byrdwn cyson yw fod teulu'n anhepgor i hapusrwydd ac i fyw bywyd llawn. Yn y stori 'Y Cymun' y mae Meurig, plentyn siawns wedi ei fagu mewn sefydliad a heb erioed adnabod ei rieni, yn cenfigennu wrth ei gydymaith oherwydd ei dylwyth, ac yn dweud, "Does gen i ddim tad na mam . . . Mae'n golled fawr . . . 'Rydych chi'n colli'r ymdeimlad o olyniaeth . . . yn colli etifeddiaeth'.

Yn 1930 fe ysgrifennodd Mr. Saunders Lewis erthygl ar 'Y Teulu' (a'i chyhoeddi wedyn yn y gyfrol *Canlyn Arthur* yn 1938) lle mae'n gresynu fod y wladwriaeth, ar yr esgus o garu lles plant, yn dwyn oddi ar rieni y cyfrifoldeb dros eu hepil, a thrwy hynny'n tanseilio'r teulu fel un o gymdeithasau mwyaf hanfodol y gwareiddiad Cristionogol. Rhan yw hyn o agwedd gyson Mr. Lewis fel Cristion, rhan o'i athroniaeth o fywyd, a defnyddio hen ymadrodd treuliedig. Ond nid trwy ymresymu fel athronydd neu wleidydd y daeth John Gwilym Jones i roi i'r teulu y lle amlwg sydd iddo yn ei weithiau, eithr yn hytrach trwy ymdeimlad a sylwadaeth y llenor—ymdeimlad yn codi o'i brofiad personol ef ei hun a sylwadaeth ar fywydau ei gydnabod.

Nid oes ddistrywio teulu. Ni all hyd yn oed angau wneud hynny. Er bod aelod o'r teulu ar goll, y mae iddo'i ran yn natblygiad bywyd ei berthnasau agosaf. Bu farw tad Caleb Gruffydd, ond ei ddymuniad ef am i'w fab fod yn bregethwr yr efengyl sy'n penderfynu gyrfa'r mab hwnnw. 'Cenhadwr fy nhad ydw i . . . ac mae'i fendith o arnaf fi', medd Ifan yn *Diofal yw Dim* wedi iddo ddeall fod ei dad, a laddwyd yn y rhyfel, yn casáu'r creulondeb a'r lladd o waelod ei enaid. Enillodd Ifan nerth i'w argyhoeddiad ei hun o wybod am deimladau ei dad. Ergyd hyn yw nad yw bywyd dyn yn gyflawn os nad yw'n ymwybod â'i gefndir yn ei deulu, y peth a fynegwyd gan Meurig yn y dyfyniad a roed uchod. Cyfoethogwyd profiadau'r awdur ei hun trwy ei gyfathrach â'i nain a thrwy'r hyn a glywodd am ei daid, yr unig chwarelwr ym mhentref Llandwrog, gŵr â thipyn o ruddin gwrthryfelwr ynddo. A dyma ran (nid y cyfan) o arwyddocâd y ddau daid ar lwyfan, Thomas Hughes yn *Diofal yw Dim* a Richard Gruffydd yn *Gŵr Llonydd*; y maent yn cysylltu'r teuluoedd â'u gorffennol, er cymaint y gwahaniaeth rhwng y tair cenhedlaeth.

Agwedd arall ar yr athrawiaeth na ellir dinistrio'r teulu mewn cymdeithas wâr yw'r cyfannu sy'n digwydd pan fo pethau'n dechrau datgymalu, ac yn wir wedi mynd yn o bell. Fe allai dyfodiad Robin yn *Gŵr Llonydd* fod wedi gwneud llanast go fawr, ond fe adweithiodd y cymeriadau i'r digwyddiad hwnnw

11

yn y fath fodd nes bod Glyn yn gallu dweud ar y diwedd, 'Bydd popeth yn union fel yr oedd, a ninnau'n deulu cyfan unwaith eto yn medru sôn am ein gilydd yn naturiol ddi-lol, heb ofn, heb gelu dim'. Yn *Hynt Peredur* y mae sŵn y bachgen yn agor y drws yn addo cymod rhyngddo ef a'i fam ac yn rhagargoel o sefydlu teulu cyflawn pan fydd i'r fam briodi William Hughes, gŵr sydd, yn ôl y rhagolygon yng nghorff y ddrama, yn debyg o gyd-dynnu'n hapus â Pheredur. Cael gan ei wraig Dilys gydio yn ei law sy'n achub Ifor rhag hunllefau ei ddychymyg yn y ddrama *Yr Oedfa,* ac yn ôl at Lil ar ei aelwyd ei hun y daeth Ted druan ar ôl ei ymdrech seithug i fod yn dipyn o foi bohemaidd yn *A Barcud yn Farcud Fyth.*

Efallai mai yn *Pry Ffenast* y gwelir yr egwyddor hon ar ei mwyaf cymhleth. Y mae'r teulu wedi ei fylchu'n greulon cyn i'r ddrama gychwyn trwy fod gŵr Dora a thad Huw wedi lladd ei hun ar ôl ymgyfathrachu â merch oedd amryw flynyddoedd yn iengach nag ef ei hun. Aeth Huw i garu â'r ferch honno heb wybod pwy oedd, ac fe'u priodwyd heb i'r fam gael ei hysbysu. Daeth Eifion, hen ffrind i'r fam, adref am dro o America, a gofyn iddi ei briodi. Pan ddaeth Huw a'i 'gariad' i'w dangos i'w fam am y tro cyntaf, a'r fam yn gwybod pwy oedd y ferch, fe gaed defnydd digon ffrwydrol i yrru pob cyfathrach deuluol yn yfflon i'r pedwar gwynt. Ond nid felly. Ar ôl yr ing o wynebu ei gilydd, y mae pethau'n dod i ben cwbl gyson a rhesymegol trwy i Dora gytuno i briodi Eifion, ac i Huw a Madge fynd i ffwrdd gyda'i gilydd, ac o'r chwalfa boenus a bygythiol yr hyn a gaed oedd sylfaenu dau deulu newydd. Y mae bod Huw a Madge eisoes wedi priodi yn cadarnhau'r terfyn hwn i'r ddrama.

Ond y mae un teulu sydd wedi ei fylchu am byth, sef teulu Edwin Lloyd yn *Lle Mynno'r Gwynt.* Meddai'r tad, "R ydym ni wedi colli anwyldeb Janet a'i sirioldeb a'i hymddiriedaeth. 'D ydi hi'n ddim bellach ond talp o chwerwder a chasineb yn symud fel adyn o un dref fawr i'r llall i geisio anghofio'. Fe collwyd Dewi hefyd, trwy iddo yn ei ddallineb ewyllysio marw, a chael ei helpu i wneud hynny. Dyna pam y mae *Lle Mynno'r*

*Gwynt* yn ddrama mor drist, ac yn awgrymu'r dirywiad a'r dat-gymalu sy'n digwydd yng nghymdeithas ein hoes ni. Ac eto, hyd yn oed yma, pan yw Huw a Gwladys ar gychwyn i Ganada ar ddiwedd y ddrama, ceir awgrym pendant y byddant hwythau'n dad a mam, ac y bydd yno wyrion i Edwin ac Alis Lloyd. Mewn gair, fe ddaw eto deulu o'r adfyd cymysglyd.

Teulu ar fin cael ei fylchu, a hynny mewn amgylchiadau ingol a thrasiedïol, yw teulu *Y Tad a'r Mab,* a thrychineb mawr y ddrama hon yw bod ymrwymiadau aelodau'r teulu i'w gilydd, yn lle bod yn gyfnerthiad y naill i'r llall, fel mewn eraill o'r dramâu, wedi troi'n llwyr o chwithig, yn ormes i'w chasáu. 'Be' sy'n bod', meddai Elis, 'bod yn rhaid inni deimlo cyfrifoldeb at ein gilydd? Pam na chawn ni fyw'n annibynnol yn lle bod 'na ryw gwlwm tragwyddol yn ein cydio ni'n frwnt wrth ein gilydd bob un ohonom ni?'.

Gellid ysgrifennu traethawd hir a sylweddol ar ferched yr hen lanc hwn, sef merched yn ei weithiau llenyddol, ond nid dyna fy mhwrpas i yma. Mi garwn er hynny wneud sylw neu ddau ar y mamau. Yn y stori 'Cerrig y Rhyd' fe ddisgrifir mam sy'n ymateb i bopeth y mae ei mab yn ei wneud neu ei ddweud yn gwbl ddicra a dilachar. (Y mae hwn yn ddarlun rhy eithafol i fod yn wir am fam yr awdur na'm mam innau, er eu bod hwythau, fel llawer mam arall, yn tueddu i fod yn fwy cynnil eu clod na'u cerydd, ac nad oeddynt byth yn byrlymu eu cymeradwyaeth, beth bynnag fyddai'r orchest.) Yna daw math o anatomi o famolaeth, a baich hwnnw yw'r frawddeg hon: 'Nid cyrff wedi perchenogi rhagoriaethau anghyfnewidiol ydyw mamau, ond unigolion a rhinweddau a beiau pob un ohonynt ar wahân i'w gilydd wedi eu cymysgu â chymaint o amrywiaeth ag sydd o famau yn y byd'. Ond er gwaethaf y gosodiad hwn, y mae nodweddion cyffredin i'r mamau yn y storïau a'r dramâu, ac ar y cyfan arwresau ydynt. Er nad oedd mam yr awdur ei hun yn batrwm syth i'r un ohonynt, ni ellir llai na chredu fod y lle amlwg sydd iddynt yn ddrych o'i gariad at ei fam a'i deimlad o ddyled iddi.

Gweddwon yw pump o'r mamau: Naomi Gruffydd yn *Y Dewis,* Grace Hughes yn *Diofal yw Dim,* Poli Lewis yn *Gŵr Llonydd,* Dora yn *Pry Ffenast,* a'r fam yn *Hynt Peredur,* ac y mae hyn yn rhoi cyfle i ddangos eu plwc a'u dawn i fagu plant heb gynhorthwy tad yn y tŷ. Yr unig un ohonynt nad yw'n hoffus nac yn berson i'w hedmygu'n ddiamod yw Naomi Gruffydd, gwraig feistrolgar ei natur, yn mynnu ei ffordd trwy gyfrwystra deniadol, ac yn pennu gyrfa ei mab yn ôl ei bwriad hi ei hun. Er bod yr yrfa honno'n gwbl gymeradwy ac anrhydeddus, a bod gan fam bob hawl i gyfeirio bywyd ei phlentyn fel y mae hi'n gweld orau ac yn unol â dymuniadau'r tad a gollwyd, y mae'r penderfyniad gwydn sy'n goruwchreoli pob cynneddf arall yn enaid y fam hon yn peri i ddyn deimlo rhag ei waethaf mai dymunol fyddai ei gweld yn methu yn ei hamcan.

Y mae'r mamau eraill yn wragedd y gallwn eu hoffi a gweld eu rhinweddau yn hawdd. Y maent yn oddefgar ac yn deall safbwyntiau eu plant, hyd yn oed pan fydd y rheini'n gwbl groes, fel adwaith Huw a Dewi i ryfel yn *Lle Mynno'r Gwynt.* Y mae Poli Lewis yn maddau i Robin am ddianc oddi cartref a pheidio ag anfon gair iddi. Y mae hi hefyd yn gwybod mwy nag y mae'n cymryd arni—gwybod, er enghraifft, fod Pyrs ac Edgar wedi dod adref yn hwyr dan ddylanwad diod. Ac fe ŵyr Alis Lloyd yn iawn sut y bu farw Dewi.

Un o ffeithiau amlwg bywyd yw mai teimlad mam, nid ei rheswm, sy'n pennu ei hymarweddiad. Chwedl Alis Lloyd, ''Dydi rheswm yn meddwl dim byd i fam'. Y mae John Gwilym Jones wedi estyn yr egwyddor hon, a mynnu mai'r teimlad yw prif ysgogydd pob mam a thad a mab a merch a phawb yn y byd yma, y grym nerthol, sylfaenol a pharhaol. 'Fedri di ddim camdrin teimladau pobol heb gyfri'r gost', meddai mam Peredur wrtho. Ac eto, 'Dydi teimladau neb yn newid beth bynnag ydi'u hoed nhw'. Nid oes dim angen ymlafnio i ddangos hyn, oherwydd y mae cyffes y dramodydd ei hun ar gael mewn erthygl yn *Lleufer* (1959), lle mae'n dweud, 'Mae pob drama a ysgrifennais hyd yn hyn yn tyfu o syniad. Y syniad sy'n dod gyntaf, a hwnnw'n un

14

cwbl haniaethol . . . Byddaf bob tro yn chwilio am bwnc o deimlad yn hytrach na phwnc o ddadl'. Er cymaint lle sydd i genedlaetholdeb Cymru gyfoes yn rhai o'r dramâu, nid rhywbeth i ymresymu yn ei gylch ydyw, ond mater o argyhoeddiad. Nid yw'r awdur byth yn dadlau'r achos er ceisio ennill y gynulleidfa. Rhan o brofiad ei gymeriadau ydyw, rhywbeth y maent hwy'n teimlo'n gryf ar ei gorn, a gwaith y dramodydd yw cyfleu eu hadwaith iddo, ac i amgylchiadau a ffenomenau eraill yn gyffelyb.

Ar ddechrau ei nofel *Y Foel Fawr* fe roes Mr. R. Gerallt Jones y geiriau hyn o eiddo Berdiaieff 'In a certain sense, every single human soul has more meaning and value than the whole of history with its empires, its wars and revolutions, its blossoming and fading civilisations'. Gallai hyn fod yn erthygl yng nghyffes ffydd John Gwilym Jones yn hawdd iawn. Ni fu i hanes ddim swyn iddo. Cyfareddir ef gan y byd y mae'n byw ynddo, ond nid gan bopeth yn hwnnw chwaith. Dywedodd am Ddyffryn Nantlle, 'Arwynebol iawn yw fy niddordeb yn agweddau mwyaf nodweddiadol y Dyffryn yn gymdeithasol ac yn enwedig yn ddiwydiannol'. Nid dyn mewn siop neu mewn chwarel neu mewn ysgol neu mewn pwyllgor yw ei ddifyrrwch ef; ychydig iawn o wir bwysigrwydd sydd i alwedigaeth neb o'i gymeriadau. Unigolion ydynt yn byw yn eu teuluoedd ac yn mynd trwy brofiadau fel bodau dynol. Y mae i hanes ei unigolion wrth reswm, yn saint ac yn ddyhirod, ac y mae digon o lenorion o bob math wedi ceisio dehongli'r unigolion hynny ar bwys eu cymhellion a'u hymateb i'r byd o'u cwmpas; dyna, yn wir, yw *Hanes Rhyw Gymro*. Ond dewisach gan John Gwilym Jones yw ymateb dynion i'r gymdeithas y mae ef ei hun yn ei hadnabod yn uniongyrchol, yn hytrach na chymdeithas na allai wybod amdani ond fel y dehonglir hi yng ngweithiau haneswyr. Fel y dywedodd Mr. Saunders Lewis, 'Mae o'n derbyn ei gymdeithas, yn cyfansoddi yng nghanol ei gymdeithas. Dyna'i lwc fawr ef'. Fy lwc innau, ac eraill o'm hoed a'm cyflwr, yw ein bod wedi ein magu yn y gymdeithas honno, a'm lwc i yn arbennig yw fy mod wedi cael yr holl flynyddoedd meithion o gyfeillgarwch y llenor cain a'r beirniad craff hwn.

# John Gwilym Jones: Athro Ysgol

## gan

## Alwyn Roberts

Hyd y gwn i, fi yw'r unig un a fu'n ddisgybl i John Gwilym
Jones mewn ysgol a choleg ac hefyd yn gyd-aelod ag o ar staff
y Coleg ym Mangor. Fe ofynnwyd i mi sôn amdano fel athro
ysgol, ac o geisio didoli yn weddol ofalus y pethau a gofiaf o'r
cyfnod hwnnw oddi wrth y pethau sy'n perthyn i ddyddiau coleg
a chyfeillgarwch y mae'r argraffiadau sydd wedi aros a'r dylanwad
a gafodd arnaf yn wahanol i'r darlun confensiynol. Y mae bellach
i John Gwilym Jones ei ddelwedd gyhoeddus fel athro llenydd-
iaeth ac fel symbylydd ysgrifennu creadigol—yn wir, y mae
mwyafrif y cyfraniadau i'r gyfrol hon yn deyrnged haeddiannol
i'w ddylanwad a'i lwyddiant yn y pethau hyn. Nid dyma'r darlun
sydd gen i ohono.

Yr oeddwn yn blentyn ysgol ym Mhen-y-groes yn y pedwar-
degau—ym mlynyddoedd olaf y rhyfel ac yn y cyfnod ansicr a'i
dilynodd. Cyfnod digon llwydaidd ydoedd yn Nyffryn Nantlle.
Fe ddaeth yn amlwg nad oedd y chwareli yn mynd i adennill eu
bri ac na ddeuai fawr ddim i gymryd lle y diwydiannau a ddaeth
i Wyrfai yn sgîl y rhyfel. Fe ddadrithiwyd y gobeithion yn fuan,
ac er gwaethaf pob addewid ychydig oedd gan y Dyffryn i'w gyn-
nig yn gynhaliaeth i'w drigolion. O edrych yn ôl yn feirniadol,
yr oedd peth o'r llwydni a'r ansicrwydd hwn wedi dylanwadu ar
yr ysgol hefyd. Yn anorfod, oherwydd amgylchiadau diwedd y
rhyfel, yr oedd llawer iawn o fynd a dod ymhlith yr athrawon,
ac ar wahân i rai—a oedd ymhlith yr athrawon gorau a gefais
erioed—sêr digon gwibiog oeddynt yn ein ffurfafen. Felly, 'doedd
dim rheswm arbennig dros ragor na chywreinrwydd digon didaro
ynghylch dyfodiad athro Saesneg newydd, hyd yn oed os oedd
hwnnw yn ddyn lleol a chanddo enw fel llenor a dramodydd.

Pe bawn yn dilyn y patrwm confensiynol fe fyddwn yn dis-grifio'r modd y bu i'r athro newydd wneud gwahaniaeth a pheri i oleuni newydd dorri trwy fwrllwch yr amgylchiadau. Fe fyddwn yn disgrifio'i waith yn agor ein llygaid i gyfoeth a cheinder llen-yddiaeth, nes bod Pantycelyn a Dostoyevsky, Keats a Sartre yn bennaf cyfeillion i ni. Ond nid felly y bu hi. Maddeued John i mi, ond nid oes gennyf gof o gwbl am yr un o'i wersi ar len-yddiaeth. Anghofiais deitlau'r llyfrau gosod hyd yn oed. Mae'n sicr i ni dreulio'r dogn gofynedig o Shakespeare a Wordsworth a'r gweddill; yn wir, mae gen i gof am ddarlleniad dramatig eithriadol o 'Christabel'. Ond brith atgofion damweiniol yw'r rhain. Yn anad dim, athro gramadeg a fu John Gwilym Jones i mi, ac y mae ei ddylanwad arnaf a'm dyled iddo ynghlwm wrth hyn.

Yr oedd rhesymau digon rhyddieithol i esbonio hyn. Fe ddaeth John Gwilym Jones i Ben-y-groes yn 1947, y flwyddyn yr oeddwn i ar gychwyn ar fy mlwyddyn Matric ac fe ddaeth yno yn athro Saesneg. Y mae'r ddwy ffaith fel ei gilydd yn bwysig i egluro'i ddylanwad arnaf. Yr oedd gofynion y Matric yn y dyddiau hynny yn hollol haearnaidd: yr oedd yn rhaid pasio arholiad yn yr Iaith Saesneg. Heb hyn, dim matric; heb fatric, heb ddim. Yn hyn, mi gredaf, yr oedd y cyfiawnhad cychwynnol dros y pwyslais ar ramadeg. Sawl tro y clywais ef yn dweud wrthym, 'Gwrandwch, bois bach, fe allwch chi gael ugain marc am ramadeg mor hawdd â chwarae, ac ar ôl hynny dim ond deg ar hugain arall fyddwch chi 'i angen'. Ac fe aeth ati i ddysgu gramadeg Saesneg i ni, ei ddysgu yn drwyadl nes bod dadansoddi gair a datgymalu brawddeg yn rhan reddfol bron o'm hymateb i unrhyw ddarn o ysgrifennu. Yn Saesneg, beth bynnag, bron na alla i ddweud fy mod yn meddwl mewn brawddegau cyfansawdd ac mewn paragraffau o hynny allan. Fe fu hyn ynddo ei hun yn waddol gwerthfawr. Nid yn unig fe basiais yr arholiad, ond y mae cywreinbethau ieithyddol fel y troednodiadau ar ffurflen treth incwm ac iaith gymhleth ofalus deddf yn datgymalu eu hun-ain yn syml ddealladwy.

Ond er bod cyfiawnhad iwtilitaraidd i'r pwyslais hwn ar ramadeg, 'rwy'n gwbl argyhoeddedig bod llawer mwy y tu cefn

17

iddo na gofynion arholiad. O edrych yn ôl, ac o adnabod John Gwilym Jones yn well, 'rwy'n siŵr ei fod yn dweud pethau go bwysig amdano ei hun yn y gofal hwn am ddysgu iaith. Efallai bod tair elfen i hyn: yr oedd yn fynegiant o barch llenor at iaith, o barch crefftwr at offer ei grefft ac, er bod hyn mor ddamcaniaethol ag ambell un o'i ddehongliadau llenyddol ef ei hun, yr oedd yn ffordd o fynegi rhywbeth am y modd y mae'n gweld y byd. Nid cyfres o reolau mympwyol yw gramadeg ac nid nifer o driciau i'w meistroli. Yn hytrach, mae a wnelo gramadeg â datblygiad a thraddodiad iaith, datblygiad dros ganrifoedd o'i defnyddio fel moddion cyfathrebu ac fel cyfrwng cyfathrach. Y mae ymglywed â chymeriad iaith ac adnabod ei theithi ynghlwm wrth ddeall ei rheolau. Dyma'r gwahaniaeth rhwng iaith naturiol a iaith wneud ddi-dras fel Esperanto, a hyn yw sail peth o'r pryder ynglŷn â datblygiadau fel 'Cymraeg Byw' sydd mewn bri yn ein hysgolion. Fe wyddom fod daliadau gwleidyddol John Gwilym Jones, yn ogystal â'i gydwybod lenorol, wedi eu gwreiddio yn ddyfn yn y parch hwn tuag at yr iaith Gymraeg, ac nid oedd yn brin o dalu yr un math o barch i Saesneg 'chwaith. Un modd o fynegi y parch hwn oedd y ddisgyblaeth o ddeall natur iaith, o adnabod cysylltiad gair a chymal fel y mae y meddyg yn adnabod asgwrn a gïau.

I'r bobl hynny sy'n pwysleisio effaith etifeddeg ar ddyn, nid damweiniol mo'r ffaith mai saer maen oedd tad John Gwilym Jones. Y mae i grefftwr ei gydwybod arbennig ei hun. Fe fu 'nhad yn saer ac fe wn am y boen a berid iddo o weld cam-drin pren a chamddefnyddio offer. Fe fynegodd John Gwilym Jones yntau yr un math o boen mewn beirniadaeth ar ôl beirniadaeth yn yr Eisteddfod. Fe soniodd am ei grefft ei hun, am yr ymglywed bwriadol â phatrymau iaith sydd yn sylfaen dialog rhydd a naturiol ei ddramâu. Disgyblaeth y crefftwr yw hyn, deall adnoddau a chyfyngiadau ei gyfrwng. Fe soniodd Eric Gill yn un o'i ysgrifau am y modd y mae pob crefft yn dibynnu ar ddeall natur y cyfrwng a ddewisodd y crefftwr. Ar un ystyr y mae natur y cyfrwng yn osodedig; dawn yr artist yw dysgu ei ddefnyddio. Gan mai iaith yw cyfrwng y llenor ni all yntau lai na deall ei natur ac ymgydnabod â'i phatrymau; ac yn y pen-draw mynegiant o hyn yw rheolau gramadeg.

Y mae'r ymwybyddiaeth hon o reidrwydd disgyblaeth y crefftwr yn nodweddiadol, greda i, o holl agwedd John Gwilym Jones at ei waith. Ni fu neb yn actio o dan ei gyfarwyddyd heb fod yn ymwybodol o hyn. Yr oedd pob drama yn gyfanwaith iddo a phob ystum a symudiad yn cyfrannu tuag at y gwaith gorffenedig. Nid y geiriau yn unig oedd y cyfrwng i fynegi cyd-berthynas y cymeriadau. Yr oedd y berthynas i'w hamlygu mewn ystum a symudiad yn ogystal ag mewn geiriau. Felly, yr oedd pob symudiad yn cyfrannu i'r olygfa, a phob golygfa yn ei thro i'r ddrama, fel geiriau mewn brawddeg a brawddeg mewn paragraff. Cynhyrchydd saernïol ydoedd, a'r ymdeimlad o gyd-berthynas a threfn oedd cyfrinach ei lwyddiant. 'Rwy'n cofio amdano yn sôn am berfformiad o ddrama a welodd yng Ngyprus: er nad oedd yn deall yr iaith yr oedd trefn goslef a symudiad yn cyfleu yr ystyr iddo.

A chyda'r gair 'ystyr' y dof at yr elfen olaf yn y pwyslais ar ramadeg. Os cyfleu meddwl a theimlad yw amcan iaith, fe wneir hyn trwy gyd-gysylltiad geiriau. Y mae'r gair unigol yn ddiystyr, gan mor amwys yw a chan mor wahanol y gall adwaith gwahanol bobl fod iddo. Gall hyn weithiau fod yn rhan o ogoniant gair, ond gogoniant y cynhyrfu yn hytrach na gogoniant y cyfathrebu ydyw. Cyd-gysylltu geiriau fel y bo'r naill yn cyfoethogi ac yn egluro'r llall yw dawn y llenor, ac y mae lle a threfn geiriau yn hanfodol yn hyn. Fe wyddom am safonau beirniadol John Gwilym Jones ac am y flaenoriaeth a rydd i'r gweithiau hynny sydd yn 'dweud rhywbeth' wrthym. Y mae a wnelo gramadeg yn ei hystyr eang ag amodau 'dweud rhywbeth'. Nid bod pob dweud bob amser yn ddiamwys eglur, ond y mae byd o wahaniaeth rhwng amwysedd bwriadus-gyfoethog a'r amwysedd sy'n codi o flerwch ymadroddi a diffyg eglurder meddwl. Y mae'r dasg o 'ddweud', o gyfleu ystyr, yn rhagdybio tiriogaeth gyffredin rhwng y llenor a'i gynull-eidfa; atlas y tir cyffredin hwn yw rheolau a phatrymau cyd-nabyddedig iaith.

19

Efallai, ac yma 'rwyf yn ymwybodol fy mod yn rhyfygu, efallai bod hyn yn bwysicach i'r dyn sy'n coleddu'r math o syniad am fywyd sydd gan John Gwilym Jones. Y mae wedi sôn am y gwahaniaeth rhwng y bobl sy'n credu bod ystyr hanfodol i fywyd a'r rhai hynny sydd yn credu na ellir mwy na rhoi ystyr i fywyd. I'r naill y mae ystyr ddarganfyddadwy i amgylchiadau bywyd; mae'r ystyr yno, wedi ei gosod. I'r lleill, patrwm i'w osod ar amgylchiadau yw ystyr, nid i'w ddarganfod ond i'w greu. Tybed nad oes tuedd yn hyn i gynhyrchu dwy agwedd wahanol at broblem cyfathrebu? Os yw dyn yn dal bod ystyr ddarganfyddadwy mewn bywyd, yna gellir cyfeirio ati gan ddisgwyl y bydd y cyfeiriadau yn ddealladwy i bobl sydd yn meddu yr un cyfle i'w darganfod â'r llenor ei hun. Ond y mae problem y llenor sydd yn credu mai rhywbeth i'w roi ar fywyd yw ystyr yn wahanol. Cyfleu ei weledigaeth ei hun yn hytrach na chyfeirio at yr hyn y gellir ei ddarganfod yw ei waith ef. Gan hynny, y mae problemau cyfleu y weledigaeth bersonol mewn iaith gyhoeddus yn hanfodol iddo. Y tir cyffredin, fel yr awgrymais eisoes, yw patrymau cydnabyddedig defnyddio iaith. Lle nad oes ystyr gydnabyddedig gyhoeddus y gellir cyfeirio ati, daw swyddogaeth iaith gyhoeddus yn gwbl ganolog. Heb iaith—heb ddim. Nid yw'n rhyfedd bod gan John Gwilym Jones ddiddordeb mawr mewn athronwyr fel Wittgenstein sydd wedi gosod problemau mynegiant ac ystyr ac iaith yn bennaf diddordeb athroniaeth gyfoes. Yr hyn y gellir ei fynegi yw'r hyn sydd yn dwyn ystyr, ac y mae'r hyn y gellir ei fynegi wedi ei amodi gan bosibiliadau iaith gyffredin y llenor a'i gynulleidfa.

Fe aeth hyn oll â ni yn bell iawn oddi wrth ddysgu gramadeg i bumed dosbarth Ysgol Ramadeg Dyffryn Nantlle bum mlynedd ar hugain yn ôl. Ond gan bod y cof yn hidlo ac yn cyfoethogi profiad, 'allwn i ddim bod wedi ysgrifennu am yr athro ysgol yn wahanol. Os wyf fi am weld parch at iaith ac at grefft, ac am weld oblygiadau metaffisegol, yn y weithred o ddysgu gramadeg, arno fo y mae peth o'r bai. Wedi'r cyfan, fo a'm dysgodd i weld Tigris ac Iwphrates 'rhwng dwy afon yn Rhoslan'.

# Y Nihilydd Creadigol o'r Groeslon

## gan

## Gwyn Thomas

'Roeddwn i'n ddisgybl yn Ysgol Sir Ffestiniog, rywle ar draws fy nhrydedd flwyddyn yno, pan welais i John Gwilym Jones am y tro cyntaf. Wedi dod i'r ysgol i oruchwylio rhyw ddarllediad neu'i gilydd yr oedd o. Yr hyn a gofiaf ydi llond neuadd o blant ysgol a John Gwilym ar y llwyfan o'n blaen yn taro meicroffon yn ysgafn â phen ei fys ac yn gofyn i ryw anweledig, 'O.K. Jac?' 'Roedd rhyw hud cyfrin yn perthyn i bawb oedd yn ymwneud â'r weiarles i blant ysgol yr adeg honno oblegid â hi yr oeddem yn cysylltu hen ogoniant fel y 'Noson Lawen' a fu, 'Galw Gari Tryfan' a 'Dick Barton, Special Agent'. Felly, fel dyn weiarles y gwelais i John Gwilym am y tro cyntaf; fel dyn weiarles ac fel hen gyfaill i'm hathro Lladin a ddaeth wedyn yn brifathro'r ysgol, Mr. Arthur O. Morris.

Nid dyna'r tro cyntaf imi glywed enw John Gwilym Jones ychwaith. 'Rydw i'n cofio sefyll y tu allan i'r llyfrgell ym Mlaenau Ffestiniog un tro, rai blynyddoedd cyn y digwyddiad uchod, pan ddaeth cydnabod imi—bachgen rhyw unarddeg oed—heibio i ddychwelyd llyfr i'r llyfrgell. Holais ef ynghylch teitl y dywededig lyfr. Ateb: 'Y Goeden Eirin. Ddim llawar o beth.' Ang-Ngari Tryfanaidd ac An-Nick Bartonaidd a olygai dedfryd o'r fath i'm cydnabod. Mi fwriais olwg brysiog dros gynnwys y llyfr er mwyn cadarnhau'r farn amdano a selio ei deitl ar lech fy nghalon fel cyfrol i'w hosgoi, a'i hosgoi a wneuthum am sbelan go hir.

Erbyn yr ail dro imi weld John Gwilym 'roedd o'n ddarlithydd yng Ngholeg Bangor. Darlithio ar y stori fer yr oedd o i Gymdeithas Bro Ffestiniog; a darlithio'n gyfareddol. Ei ragoriaeth fawr fel darlithydd, ac fel beirniad o ran hynny, ydi ei fod o'n gwybod am y fath bentwr o lenyddiaeth nes ei fod o'n medru dangos pethau ar waith o hyd ac o hyd. Fel Frank O'Connor, mae ei drafodaeth yn troi o hyd at yr arbennig, yn gerdd, yn stori fer, yn ddrama, yn frawddegau neu sefyllfaoedd mewn gweithiau arbennig. 'Rydw i'n dal i gofio am ddynes efo'i chi bach o stori Chekhov o'r ddarlith gyntaf honno.

Mi euthum i'n fyfyriwr i Goleg Bangor a chael tair blynedd o ddarlithio—ar lenyddiaeth yn bennaf, eithr hefyd ar ramadeg a dadansoddi arddull—gan John Gwilym, neu John Gwil fel y dywedai myfyrwyr. Dyna'r prawf go iawn ar ddarlithydd—a ydi o'n medru dal eich diddordeb dros gyfnod hir o amser? Y mae yna nifer da a all ddarlithio'n raenus a diddorol unwaith neu ddwy—'dydi hynny ddim yn gamp neilltuol; mae'r gamp yn dod i'r amlwg fel y mae nifer y darlithiau'n cynyddu. Y deyrnged orau i John Gwil fel darlithydd ydi fod ei ddarlith olaf o yr un mor ddiddorol â'i ddarlith gyntaf o.

Yr oedd o, fel y dywedir, yn siarad â chloch ymhob dant, yn barablwr huawdl. Y tu ôl i hynny 'roedd paratoi gwirioneddol fanwl; mae pob darlith o'i eiddo wedi ei sgrifennu'n llawn ymlaen llaw. A hynny bob gafael, boed hi'n ddarlith ar gyfer cymdeithas mewn capel neu ar gyfer llond coleg o ddysgedigion. Y rheswm am hyn ydi fod gan John barch i gynulleidfa—sut bynnag un ydi hi—a pharch i'w bwnc. Y tu ôl i'r traethu sy'n ymddangos mor ddidrafferth, mor naturiol, fesmereiddiol y mae yna ehangder enfawr o ddarllen, disgyblaeth ac ymdrafferthu. Nid mater o chwaeth bersonol yn unig ydi beirniadaeth lenyddol (er fod John ei hun yn tueddu, yn fy marn i, i or-bwysleisio hyn), mae o'n fater o ddiwyllio barn trwy brofiad eang o ddarllen amryfal fathau o sgrifennu ac o ystyried pethau. 'Does yna ddim rheolau du a gwyn pendant i farn lenyddol ar y diwedd ond fe fydd barn beirniad o'r iawn ryw wedi aeddfedu a magu awdurdod trwy ei ddarllen a'i ystyriaeth o fywyd. Beirniad felly ydi John Gwilym Jones.

Y mae ei gyfraniad i astudiaethau Cymraeg, ac i astudiaeth o lenyddiaeth trwy gyfrwng y Gymraeg yn un tra sylweddol. Fe roes olwg ar safonau i fesur gwerthoedd llenyddol (a mwy, yn ddiau) i ddegau o fyfyrwyr dros ei flynyddoedd ym Mangor ac fe wnaeth beth tebyg i bobol mewn darlithoedd ar hyd a lled y wlad ac yn ei ysgrifeniadau beirniadol. Da oedd gweld fod ei gyfraniad wedi ei dderbyn fel cyfraniad solat gan y Brifysgol yn ei D.Lit. oherwydd, at ei gilydd, braidd ar ei hôl hi yr oeddem ni yng Nghymru i gydnabod beirniadaeth lenyddol oleuedig fel disgyblaeth lawn mor academaidd barchus ag astudiaethau ieithegol o hen destunau. Bellach mae'n dda gweld y ddwy ddisgyblaeth yn cael y parch y mae'r ddwy ohonyn nhw yn ei haeddu.

Nid mater o ddisgybl yn amenio'n barhaus ydi'r prawf o athro da, er fod llawer o hynny ynddo. Fe'm cawn fy hun yn anghytuno'n o drylwyr â John ar ambell i bwnc ond byddai'r drafodaeth bob amser yn llesol iawn i mi. Byddai pob math o drafodaethau â John yn wastad yn ddiddorol ac yn fuddiol—er eu bod nhw, ar brydiau, dipyn yn anghonfensiynol. Pan oeddwn i'n fyfyriwr ymchwil ifanc ym Mangor 'rydw i'n cofio mynd draw ryw ddydd Sul i 'Angorfa', cartref fy arolygwr, Mr. Jones, yn y Groeslon. Mi es yno, fel y gweddai i ddyn yn dechrau arni, â 'mhen yn nofio efo syniadau beirniadol o anhraethol bwys. Gan ei bod hi'n braf fe benderfynodd f'arolygwr mai rheitiach fyddai inni fynd allan, a dyma ni i lawr i Ddinas Dinlle. Wedi cyrraedd ohonom dyma fy mharchus arolygwr yn heboca'r marian ger y môr ac yn goleuo drwyddo ar ôl cael gafael ar hen dun curiedig a rhydlyd. Dyma'i osod o ar ben carreg, 'Yli boi bach,' meddai f'arolygwr wrthyf (a phetai o, drwy ryw hap, wedi taro ar Fendigedigfran ar ei rawd 'rydw i'n siŵr mai 'Yli boi bach' fuasai hi wrth hwnnw hefyd. Pa fodd, os gwn i, y cyfarchai John Mr. Alun Oldfield Davies, ei bennaeth pan oedd yn gweithio gyda'r Gorfforaeth Ddarlledu Brydeinig?) 'Yli boi bach, fedri di drawo hwn'na i lawr?' A dyna lle buom ni'n taflu cerrig nes bod hanner y traeth caregog wedi symud lle. Ond, wrth daflu cerrig, yr oeddem ni hefyd, ar led ochor fel petai, wedi trafod y pynciau llenyddol hefyd. Mae hyn yn nodweddiadol ohono fo, achos 'dydi o ddim yn trin llenyddiaeth yn la-di-da nac fel rhyw sancteiddiol bwn ar rai eneidiau dethol. Mewn gair, 'dydi o ddim yn cymryd y peth yn or-ddifrifol: ond sylwer nad ydi hyn ddim yn golygu nad ydi o ddim o ddifrif yn ei ymhel â llenyddiaeth.

Y mae llenyddiaeth, ac yn enwedig drama, yn golygu llawer iawn, iawn iddo. Fe ŵyr y sawl sy'n ei adnabod mor danllyd ei Gymreictod ydi John. Naturiol oedd ei fod o am fynd i Lundain pan âi Mr. Gwynfor Evans i'r senedd am y tro cyntaf. Aeth llond car John ohonom yno at yr achlysur hanesyddol hwnnw. Dyma gyrraedd Llundain—ar ôl ffroeni'n groes i ambell heol unffordd a oedd wedi meiddio ymddangos er pan fu'r gyrrwr yn y lle o'r blaen—a chael llety. Y peth cyntaf a wnaeth mei naps oedd chwilio beth oedd yn cael ei berfformio yn y theatrau, ac ar ôl darganfod hynny methu maddau i ryw ddrama arbennig. Yn y theatr, felly, y treuliodd o'r noson cyn y mynediad i'r senedd ac nid yn y cyfarfod oedd wedi'i drefnu ar gyfer yr amgylchiad. Yr oedd John, wrth reswm, o flaen y senedd y diwrnod canlynol i wneud yr hyn yr oedd o wedi bwriadu ei wneud, sef rhoi cychwyn calonogol i Mr. Gwynfor Evans yn y senedd a gweld ei fynediad i'r tŷ cyffredin (neu a ddylwn i ddweud tŷ'r cyffredin?). Yr oedd gweld yr atyniad cyfareddol hwn at y theatr yn beth ardderchog a iachusol. Iachusol am ei bod yn bwysig fod Cymry a'r Gymraeg yn dal ati i ymddiddori mewn pob math ar bynciau amrywiol oherwydd hyd yn oed ar argyfwng iaith 'does dim byd mwy syrffedus, hyd yn oed i selogion yr achos, na baldorddi'n ddiddiwedd, obsesiynol ac heb amrywiaeth am yr argyfwng hwnnw. (Yn wir, y gorchwyl o ddifyrru pobol yn eu horiau hamdden ydi prif orchwyl y Gymraeg bellach.) Mae'r digwyddiad hwn yn dangos cystal â dim gariad enfawr John at y theatr.

Fe ellid dweud llawer amdano fel dyn y ddrama. Mae o wedi gweld mwy o ddramâu, ac wedi darllen mwy o ddramâu na neb arall y gwn i amdano. Y mae o hefyd wedi cynhyrchu mwy o ddramâu na neb arall y gwn i amdano. Bu ei wasanaeth i Gymdeithas y Ddrama Gymraeg yng Ngholeg Bangor yn amhrisiadwy. Yn ddiweddar iawn, iawn dywedodd myfyriwr, sydd hefyd yn actor da iawn, wrthyf ei fod wedi dod yn ôl i'r coleg am flwyddyn

24

ar ôl graddio yn bennaf i gael cymryd rhan mewn drama oedd yn cael ei chynhyrchu gan John. 'Allai cynhyrchydd ddim cael gwell teyrnged na hyn'na. 'Rydw i'n wastad yn rhyfeddu at ei frwdfrydedd drwy oriau bwygilydd o ymarfer, o wynebu (ar dro) bobol heb ddysgu eu llinellau, a gwewyr aros i weld a fydd pethau'n mynd yn iawn. Wrth, gwrs, fe aent yn iawn bob amser ar y noson a phawb yn gweithio'i orau glas i John am ei fod o'n gweithio'i orau glas efo nhw.

Y cynhyrchiad, o bob un, sy'n aros gliriaf yn fy nghof i ydi cynhyrchiad John o'i ddrama ei hun, *Hanes Rhyw Gymro,* drama a all yn hawdd fod y ddrama bwysicaf a gyfansoddwyd yn y Gymraeg. 'Rydw i'n cofio darllen proflenni'r ddrama honno gydag o ar gyfer y wasg. Mae meinder ei glust o at godi sgwrs pobol yn syndod: dyma, wrth reswm, un o brif nodweddion ei fawredd fel dramodydd. Daeth hyn hyd adref i mi wrth ddarllen y proflenni hynny, a hynny yn y dull hwn: 'doedd ffurf ambell i air ddim yn hollol yr un fath ar wahanol dudalennau. Byddwn innau, fel siarc orgraffyddol, yn dangos hyn iddo; yntau'n cydnabod fod gwahaniaeth ond yn dal, 'Dyma'r ydan ni'n ei ddeud 'ti'n gweld.' A dyna oeddem ni'n ei ddweud hefyd, am fod cyd-destun yn creu rhyw wahaniaeth rhwng ffurfiau geiriau ar dro. 'Alla' i ddim cofio'r union eiriau a drafodwyd, ond 'rydw i'n cofio'r peth yn digwydd yn hollol glir. Peth sy'n codi o fyw mewn cymdeithas Gymraeg ydi hyn, a pheth sy'n dod o adnabod pobol.

Pobol ydi pethau John Gwilym. Nid golygu'r ydw i ei fod o'n cymryd at bawb fel ei gilydd; 'dydi o ddim yn gwneud hynny. Yn wir, y mae yna rai eneidiau anffodus y mae o'n eu casáu gydag arddeliad a fyddai'n bodloni'r Dr. Johnson, a ddywedodd unwaith ei fod o'n hoffi dyn a allai gasáu'n dda. Ffrwydro, yn hytrach na llosgi'n filain, y mae'r casineb hwn—peth bendigedig o gathartig 'fuaswn i'n meddwl a pheth llesol iawn yn seicolegol. Ond eneidiau ar wahân ydi'r rhai y mae'n gas ganddo nhw; mae pobol, at ei gilydd, yn hoffter mawr ganddo a'i ddiddordeb mawr o ynddyn nhw ydi un o'i nodweddion amlycaf o. Un o'r profiadau mwyaf diflas y gwn i, ac eraill, amdano ydi ceisio cynnal sgwrs efo John ar faes eisteddfod. Prin y geill o roi brawddeg yn ei gilydd na fydd rhywun yn stopio i'w gyfarch ac i ysgwyd llaw ag o. Ystyriwch, wedyn, y tro hwnnw yr es i i'r Groeslon tua'r Nadolig:

'Teisennau!
O! dyna i chwi deisennau, yn haid ar ôl haid,
Yn gwegian y silffoedd ac yn dal i ddod yn ddi-baid!'

Y tu allan i fecws fy nhad 'welais i erioed 'ffasiwn lwythi o deisennau Nadolig. Wedi eu dwyn i 'Angorfa' gan bobol y Groeslon (a'r ardaloedd cyfagos, 'debygwn i) yr oedden nhw. A pha ryfedd hynny gan fod caredigrwydd John a'i haelioni ef ei hun yn fawr? Ystyriwch eto ei fod o, mae'n siŵr gen i, yn dal record y byd am fod yn was priodas (ac am fynychu angladdau hefyd o ran hynny) ac fe gewch syniad nid yn unig o'i hoffter o ɔ bobol, ond am eu hoffter hwythau ohono yntau.

Hoff o bobol, hoff o fyfyrwyr hefyd; felly y bu o erioed. Y rheswm am hynny, am 'wn i, ydi ei fod wedi dal ar rywbeth mewn ieuenctid ar hyd ei oes. Fel y gall o, o hyd, roi dau dro am un i'r rhan fwyaf ohonom ni wrth chwarae ping-pong, felly hefyd y mae o wedi cael gafael ar rywbeth nad ydi o ddim yn heneiddio. Y mae a wnelo hyn â'i lwyddiant ysgubol o fel athro llenyddiaeth. Be' ydi'r peth hwnnw nad ydi o ddim yn heneiddio? 'Wn i ddim. Brwdfrydedd, efallai, diddordeb parhaol, cydymdeimlad, hoffter o fywyd; pwy a ŵyr?

'Be ydi nihilydd?' meddai cyfaill o'r Groeslon wrtho unwaith wrth fynd heibio ac yntau ar ben 'drws.

'Rhywun nad ydi o ddim yn credu, yn enwedig mewn crefydd; rhywun nad ydi o ddim yn credu mewn dim byd. Pam?'

'Wel dyna be wyt ti.'

Newydd ddarllen yr ymadrodd 'y nihilydd o'r Groeslon' a ddefnyddiodd Mr. Gwilym O. Roberts am John unwaith yn y golofn ddiddorol honno a sgrifennai i Y Cymro ar un adeg yr oedd y cyfaill. Sail y cyhuddiad oedd nad ydi John yn gredadun cant y cant. Ddim yn honni bod yn gredadun, eto yn selog yn y capel for Sul—dyna ichwi baradocs os leiciwch chwi. Ddim yn honni bod yn gredadun ond yn llawn rhinweddau Cristnogol, dyna ichwi un arall. Yn llawn o egni ysbryd—fe ddaeth o'n rhyfeddol trwy ddamwain car enbyd yn America ychydig flynyddoedd yn ôl ac yr ydw i'n argyhoeddedig mai ei ysbryd ifanc a ddaeth ag o drwyddi—llawn o ynni creadigol ac eto'n nihilydd o'r Groeslon; dyna ichwi baradocs y paradocsau. Paradocs: dyna ichwi air digon teg i ddisgrifio agwedd John at fywyd, achos yn ddwfn ynddo y mae ymwybod o ddeuoliaeth bywyd, ymwybod o'r gwych sydd ynddo a'r gwachul, y gogoniant a'r rhemp. Golwg ar hynny sydd yn ei waith creadigol o; ei ddiddordeb o yn y ddeuoliaeth ydi ei ddiddordeb o mewn bywyd. Mae'r diddordeb hwn yn ei wneud yntau'n ddiddorol hefyd, yn un o'r bobol mwyaf diddorol y gwn i amdanyn nhw. A 'does dim rhaid imi ddweud fod bod yn ddiddorol yn ddawn, yn ddawn brin hefyd. Felly, dweud yr ydw i fod hwn yn ŵr arbennig iawn, a bod iddo ryw hud cyfrin, ac nad hud cyfrin dyn weiarles—fel y tybiais i ar un adeg—ydi hwnnw.

*Y cynhyrchiad cyntaf o* Y Tad a'r Mab *ym Mamgor. Actorion (o'r chwith i'r dde): Anwen Pritchard Jones, Wenna Thomas, Jean Richards, Alun Evans Derwyn Jones, Elwyn Jones.*

# CYNHYRCHYDD DRAMÂU

**Diofal yw Dim**, cynhyrchiad 1940. Gwelir rhai o'r prif actorion yma. O'r chwith i'r 'dde, ôl:— Harri Gwynn, Aled Roberts; blaen—Ffion Mai Thomas (rhoddir eu cyfenwau cyn iddynt briodi i'r merched yn y lluniau), Elis Gwyn Jones, Eirwen Lloyd Jones.

# John Gwilym Jones: Cynhyrchydd I

## gan

## R. Alun Evans

'Chwaraewyr Coleg y Gogledd yn cyflwyno *Saint Joan* (Golygfa I) a *Buchedd Garmon* . . . cynhyrchydd: W. H. Pritchard . . .' Ionawr 1956. A'r adolygiad? 'Diolch i'r actorion, i'r cynhyrchydd, a phawb oedd a wnelo ef rywbeth â'r perfformiad hwn am eu diwydrwydd, eu trylwyredd a'u hamynedd.' (H.I.P.)

Dim gair am John Gwilym Jones. Dim.

*Nos Ystwyll* 1957. Cynhyrchydd: Rhiannon Roberts. Nodyn ar waelod y rhaglen—'Dymuna'r Gymdeithas ddiolch yn arbennig i Mr. John Gwilym Jones am ei gymorth. Hefyd i'r canlynol . . .' (gan gynnwys Mri. Galloway and Hodgson a Booklands am rifo seddau!).

Adolygiad—'Llongyfarchiadau i bob aelod o'r Gymdeithas Ddrama ac i'w thad-yn-yr-ysbryd Mr. John Gwilym Jones . . .' (D.G.J.)

Ac o'r *Faner* 'Rhoddwyd perfformiad gwych o "Nos Ystwyll" . . . Fel arfer yr oedd John Gwilym Jones y tu ôl i'r cynhyrchu a mawr yw dyled yr efrydwyr iddo am ei gymorth parod.'

Erbyn 1959 Chwaraewyr Coleg y Gogledd yn cyflwyno'r perfformiad Cymraeg cyntaf o *Y Tad a'r Mab* gan John Gwilym Jones—cynhyrchydd: Mr. John Gwilym Jones. Is-gynhyrchydd: R. Alun Evans.

Am ryw reswm—a 'fedra i yn fy myw feddwl pam—fe gymerodd dair blynedd a mwy i ni fel Cymdeithas Ddrama gofnodi'n swyddogol fod John Gwilym Jones yn llawer nes atom ni na rhyw dad-yn-yr-ysbryd. Fo ei hun oedd am roi'r clod i rywun arall a dyna'r unig elfen o dwyll y galla i gofio yn y dyn annwyl hwn.

Erbyn dod at *Esther* a *Fel y Tybiwch y Mae* roedden ni'n dal i ddiolch i Galloway and Hodgson am rifo'r seddau ond yn nodi gyda balchter argraffedig mai'r cynhyrchydd oedd Mr. John Gwilym Jones. Fe fydden ni'n arwyddo rhaglenni'n gilydd bob blwyddyn—fel arfer y dyfyniad mwyaf amwys neu anweddus posib o'r ddrama. I blesio'ch chwilfrydedd chi dyma ddetholiad byr o'm rhaglenni i a gadwyd yn ddiogel 'Beth am fynd i'r gwely Malvolio'; 'Gwyn, deud wrtha i, fuest ti am dro efo hogan o gwbl!!!' 'Haman yr Agagiad un drwg wyt ti ond . . .'; 'Mae hynny'n digwydd o hyd, ymhob rhan o'r byd, ble bynnag y ceir dynion . . .'; 'Be gythraul ddywedi di nesa . . .'; 'Oh, rydach chi yma o hyd ydach chi'. Ac ynghanol rhaglen Pirandello 'Y tro dwaetha! Biti garw! Diolch. J. Gwilym Jones'. 'Dwn i ddim be sgrifennais i ar raglen y cynhyrchydd—ond amwys neu anweddus, gobeithio i mi sgrifennu rhywbeth oedd yn cyfleu fy nyled ddofn i'r gŵr o'r Groeslon.

Nid yn unig fe lwyddodd i beri i eiriau Shaw a Shakespeare a Saunders Lewis gyfleu cyfrolau ar fy nhafod ond drwy amynedd di-ben-draw fe lwyddodd hefyd i'm gwefreiddio â'i ddychymyg. Yn sydyn roedd y theatr yn lle byw, llawn symud. Roedd ystyr i ffurf ac arwyddocâd i ystum. Yn yr ysgol ym Machynlleth ac yn Aelwyd Llanbrynmair fe ges i gynhyrchwyr drama osododd y seiliau fel 'tae. Ond cymwynas fawr John Gwilym Jones, fel cyfrinach y gelfyddyd wir, oedd cuddio'r dechneg. 'Weles i neb tebyg iddo am greu dwsin o resymau da i newid patrwm y llygad ar lwyfan a chael cymeriad i symud o'r cefn de i'r blaen chwith a'r symudiad ynddo'i hun yn ychwanegu at ystwythder y cyflwyniad. O ie, y *fo* fyddai'n creu. A'r perygl mawr oedd i ni ddynwared ei ystum a'i oslef i berffeithrwydd; llond llwyfan o John Gwilym Jonesiaid bach. Dwi'n ei gofio fo'n deud unwaith fod yn well ganddo fowldio actorion dwl na ffrwyno unigoliaeth.

Dwl oeddwn i; cegrwth. Wedi gwirioni'n lân â'i allu i ddehongli sefyllfa a phwyntio brawddeg nes bod honno'n canu yng nghlust yr actiwr bob cam i lawr Coll. Road ar ôl ymarfer ac i ganol ei blatiad 'chips' yn Berts. 'Argol oedd John Gwil ar ei ore heno. Welest ti sut lwyddodd o i gael P—— i *weld* y sefyllfa. Blydi grêt. A roedd y peth mor syml ar ôl iddo fo ddangos . . .'

Cofiwch chi, rhag i chi feddwl 'mod i wedi treulio chwe blynedd ym Mangor yn cerdded y strydoedd a ngheg ar agor a John Gwilym Jones wedi ei sgrifennu mewn llythrennau bras ar fy nhalcen dwi'n cofio'r flwyddyn y gwnaethon ni berfformio *Esther. Marsiandwr Fens* oedd y dewis gwreiddiol a minnau'n rhwbio fy nwylo yn reddfol fel Shylock. Ond ddôi hi ddim; gormod yn colli ymarfer a dim symud ymlaen o un wythnos i'r llall. Pwyllgor Brys. Plem[1] yn y gadair. Poncs[2] yn Is-Gynhyrch-ydd. A minnau'n llywydd S.R.C. Be maen nhw'n alw yn *summit conference* yn y byd gwleidyddol! Pump wythnos cyn yr Ŵyl Gelfyddyd—newid y ddrama. *Esther,* drama i bum cymeriad. 'Ylwch bois bach, rhaid i ni ymarfer hyd berfeddion . . .', ''Nawn ni Mr. Jones.' Ond pan oedden ni, tua'r diwedd yn ymarfer o ddeg y bore hyd ddeg y nos roedd 'na ddymuniad tawel i'n tad-yn-yr-ysbryd ddiflannu i ble bynnag mae tadau-yn-yr-ysbryd yn diflannu iddo. 'Os gwela i John Gwil eto fory mi fydda i'n . . .' Ond gwneud ein gorau wnaen ni wedyn am mai dim ond ein gorau a wnâi'r tro ganddo a hynny yn y bôn oherwydd ei barch at y gynulleidfa a ddeuai i'r P.J.[3] i'n gweld.

'Yli boi rhaid i ti siarad yn glir ar y llwyfan 'ma neu fydd neb yn dy ddallt ti . . .' 'Pardwn be ddedsoch chi Mr. Jones?' Do, fe fu'n rhaid iddo gnoi ei dafod droeon a diodde'n clyfrwch ni â gwên. 'Doedden ni ddim yn ystyried nad oedd *raid* iddo roi yr holl oriau i'n cyfarwyddo ni. Ei obaith oedd y bydden ni'n parhau â'n hactio wedi gadael coleg ac yn ymroi ati i gynhyrchu. Bu sawl un yn gwneud hynny gan gyfoethogi bywyd cymdeithas fechan o'r herwydd.

Tybed ai yr un oedd profiad eraill? Gweu patrymau, cael y perfformiad i lifo'n ystwyth; bywyd; egni. Beth am yr olygfa,

---

1 Alwyn Pleming, bellach athro yn ysgol Brynrefail.
2 Y Parchedig Elwyn Jones erbyn hyn.
3 Neuadd Pritchard Jones yng Ngholeg Bangor.

gwisgoedd. Pwy fath o glustogau? Fawr o ddiddordeb yn hynny. 'Gwrandwch; trefnwch chi'r llwyfan. Mi ofala inna am yr actor a'i eiriau.'

'Fuaswn i byth yn awgrymu fod Mr. Jones mor esgeulus o fanion y cyflwyniad er nad oedd y llwyfan yn cael sylw mawr ganddo. Cyfrifoldeb John Id.[4] a Gwyn bach[5] oedd hwnnw. Beth bynnag, 'doedd dim dau berfformiad yn agos yr un fath. 'Ond fan hyn ddedsoch chi wrtha i am fynd Mr. Jones'. 'Na feindia boi, tyd di i fama pnawn fory a J——— ewch chithau i fancw. Mae o'n symudiad digon rhesymol yntydi?' Cwbwl amlwg erbyn meddwl, ac fe gaem lawn cystal rheswm dros newid y peth eto erbyn *nos* Sadwrn.

Ble fydde fo yn ystod perfformiadau? Yng nghefn y neuadd i'r Act gynta hwyrach, yng nghefn y llwyfan i'r Ail ac yn barod iawn i guro cefn pawb arall wedi i'r llenni ddisgyn ar ddiwedd y Drydedd Act. Wedyn yr adolygiadau. ''Tydio'n dallt dim 'sti boi.' Nid ei fod o'n credu hynny; ac er na allai groesawu beirniadaeth, ein gwarchod ni rhag cael ein brifo oedd sylfaen yr adwaith. Ac os byddai canmol—'R'on i'n deud wrtha chdi fod ti'n dda toeddwn', a'i dafod i'w foch.

Do, fe gawsom ni'r fraint o berfformio ei ddramâu am y tro cynta ar lwyfan; y fraint o fynd gydag o i theatrau Llundain a Lerpwl; y fraint o'i gwmni a'i gyfarwyddyd wrth berfformio hyd y Gogledd. Ac am fod enw John Gwilym Jones a chwaraewyr Coleg y Gogledd yn *un*—y fraint o lenwi neuaddau. A diolch i Galloway and Hodgson am rifo'r seddau!

---

4 John Idris Owen.
5 Gwyn Jones.

# John Gwilym Jones: Cynhyrchydd II

## gan

## Wenna Williams

Yn ôl mam mi gefais i chwe cheiniog gan John Gwilym Jones pan oeddwn i rhyw dair oed am adrodd yn eisteddfod y capel. Ni chofiaf i ddim am y digwyddiad hwnnw, wrth gwrs, ond cofiaf yn dda y tro cyntaf yr euthum i 'Angorfa' i ddysgu adrodd. 'Roeddwn i ddeng mlynedd yn hŷn erbyn hyn ac yn teimlo'n bur ofnus o fynd i ddysgu adrodd at rywun 'go iawn'; braidd fel John Davies yn *O Law i Law* yn mynd i gael ei hyfforddi gan Ioan Llwyd. Gallaf eich sicrhau mai pur annhebyg i'r driniaeth a gafodd yr hogyn o chwarelwr oedd yr hyn a dderbyniais i. Cofiaf ei gyngor cyntaf—'Peidiwch byth â g'neud hen sŵn wrth adrodd, gadwch i'r geiriau ddweud y stori'n syml,' a'i gyngor nesaf— 'Siaradwch hefo'ch gwefusau.' Bod yn glir a chroyw, yn syml ond pendant, yn ddeallus a diffuant—dyna rai o'r safonau pwysicaf y dysgodd i mi ac i amryw eraill o adroddwyr ymgyrraedd atynt.

Gallai wneud i ddarn adrodd a oedd un munud yn ddim ond swp o eiriau fod yn rhywbeth dealladwy, cynhyrfus a gwefreiddiol. Yr oedd ar ei orau gyda darnau o waith D. Gwenallt Jones, T. Gwynn Jones a Saunders Lewis. Ac yn awr bob tro y darllenaf i'r ddrama *Blodeuwedd* clywaf ei lais yn dweud pethau fel:

> 'Beth fyddai addewidion ond cydnabod
> Nad digon inni wynfyd yr awr hon?
> Bydd dithau dawel yn ein noson hoen
> Heb amau am a ddelo. Mae holl nerth
> Natur yn cronni ynof i'th ddiwallu,
> Ac oni flinwyf i, ni flini di.

A'i dafod yn ei foch ar ôl dweud y llinell olaf!

A sôn am flino,—nis gwelais erioed yn flinedig a diamynedd, hyd yn oed wedi diwrnod caled o waith. Lawer tro bûm yn curo drws 'Angorfa' tua deg o'r gloch y nos a gofyn—'Ydi Mr. Jones wedi dwad adra?'

'Ddisgwyl o unrhyw funud,' fyddai ateb Miss Jones—'dowch i mewn i aros.'

A dyna lle byddem ni'n tri, Gruffydd Jones ei dad, Miss Jones —Jane i John Gwilym—a minnau yn eistedd i aros mewn tawelwch gan amlaf, a'r ddau gloc mawr, un yn y cyntedd a'r llall yn y gegin, yn cadw'r amser i fynd. I'r distawrwydd hwn, deuai troediad ysgafn sionc, y wên hoffus a'r parodrwydd diffys—'Wel ty'd ta, deud o 'rŵan,' ac mi fyddai'n sefyll â'i goesau ar led, ac yn edrych dros ei sbectol yn gwrando'n astud arna i'n dweud fy narn.

Un peth yw dysgu rhai i adrodd, peth arall yw trin criw o fyfyrwyr anaeddfed, eu caboli a gwneud actorion derbyniol ohonynt. Mi gefais i'r fraint yn y coleg o gymryd rhan mewn pum drama, a phrofi o ddawn ac amynedd a brwdfrydedd di-bendraw y cynhyrchydd hynod hwn.

Cwmni o amaturiaid dibrofiad a'r mwyafrif heb erioed gymryd rhan mewn drama, dyma'r math o griw a'i hwynebai o flwyddyn i flwyddyn bob dechrau gaeaf. Ni chofiaf i ni erioed eistedd i lawr yn oer a rhesymegol o amgylch bwrdd a gwneud nodiadau pendant a manwl o'r symudiadau ymlaen llaw, na, 'roedd y peth yn llawer mwy byw—gwneud y symudiadau yn ein lle y byddai, boed fab neu ferch, ac nid yn unig fe'n dysgai sut i symud yn effeithiol ac i bwrpas, ond dysgai i ni hefyd sut i gael y gorau allan o bob gair.

Un o'i eiriau mawr fyddai 'mannerisms',— er mwyn creu cymeriad arbennig. Dangosai i ni sut i ddefnyddio'n dwylo'n effeithiol, a gŵyr pob un a fu'n ceisio actio pethau mor chwithig ac 'ar y ffordd' y gall dwylo fod i'r dibrofiad ar lwyfan.

Fe'i clywaf yn dweud—'Fel hyn ylwch'— a dangosai'r symudiad,—'ond cofiwch ella bydda i wedi newid o'r tro nesaf!' Fel hyn, yn y cnawd fel petai, hefo personau go iawn y byddai'n gweld y ddrama'n digwydd a'r patrwm yn mynd i'w le.

Nid rhoi siâp i'r ddrama ar lwyfan yn unig a wnâi, ond yn y siâp, yn y symud ac yn y llefaru 'roedd yn dehongli i ni ystyr y ddrama a'i gwerthoedd. Dysgem fod Pirandello yn ei ddrama *Fel y Tybiwch y Mae* yn ceisio dangos fod y 'gwirionedd' yn rhywbeth cwbl wahanol i bob person. Mynnodd i ni lwyfannu *Esther* mewn gwisg fodern er mwyn pwysleisio pa mor gyfoes yw ei neges. Dysgem fod gwrthdaro yn beth hanfodol mewn drama, ac mai peth gwych oedd rhannu cyfrinach â'r gynulleidfa heb i rai o'r cymeriadau eraill ei gwybod.

Y fraint fwyaf oedd cael cymryd rhan yn *Y Tad a'r Mab*, ei ddrama ef ei hun. 'Roeddem wedi dechrau ei dysgu ymhell cyn iddo orffen ei hysgrifennu. Profiad arbennig oedd gweld drama yn tyfu a chymeriadau yn datblygu, bron nad oedd fel dilyn drama gyfres.

Nid tasg fechan oedd llwyfannu dramâu fel *Buchedd Garmon,* Saunders Lewis, a *Nos Ystwyll* lle 'roedd cynifer o gymeriadau, a'r rhyfeddod oedd fel y gallai John Gwilym Jones newid ar amrantiad o un cymeriad i'r llall—newid o fod yn Orsino urddasol, claf-o-serch i fod yn Andrew Aguecheek hurt ddiniwed, neu o fod yn Toby Belch feddw, gellweirus i fod yn Viola ddwys yn dweud ei chalon mewn geiriau fel:

> Gwnawn imi gaban helyg ger eich dôr,
> A galw ar f'enaid oddi mewn i'r tŷ,
> Gwnawn gerddi pur o'm gwrthodedig serch,
> A'u canu ag uchel lef yn nyfder nos . . .

Newidiai ei osgo a'i gerddediad, ei wyneb a'i oslef i gyfleu gwahanol gymeriadau—'gwneud i symudiad bach gyfleu cyfrolau'.

I wneud hyn i gyd 'roedd angen gallu ac egni a brwdfrydedd arbennig ac yn fwy na hynny 'roedd angen, ac 'roedd ganddo, amynedd di-ben-draw. Pwy ond John Gwilym Jones a ddeuai atom o wythnos i wythnos yn gyson a'n meithrin a'n caboli o fod yn griw anystwyth a thrwsgl i fod yn gwmni digon derbyniol a disgybledig a fyddai'n mwynhau rhoi eu gorau glas i fod yn deilwng o'u cynhyrchydd. Ni chofiaf iddo erioed godi ei lais atom na gwylltio na thaflu dim at neb! Y cerydd llymaf a dderbyniem oedd—'Na, chwara' teg bois bach, dowch rŵan'. 'Wn i ddim sawl noson o gwsg a gollai cyn ein cael i drefn, ni chawsom erioed wybod. Y rhyfeddod yw y byddai pawb yn gwybod ei ran erbyn y perfformiad cyntaf. Dyna lle y byddem ni i gyd a'n nerfau'n dynn fel tannau ac ofn yn ein calonnau. Yr ofn mwyaf oedd ofn siomi'r un oedd wedi gweithio mor ddyfal ac amyneddgar i'n hyfforddi.

Byddai yno yng nghefn y llwyfan yn ein cynghori, yn smocio fel stemar ac yn canmol pob un ohonom, ac i amaturiaid nerfus 'roedd y ganmoliaeth hon yn bwysig, a'r wefr orau oedd clywed ein cynhyrchydd yn dweud—''Roedd hwnna'n wironeddol dda, —hyfryd hollol!'

# John Gwilym Jones: Cynhyrchydd III

## gan

## John Ogwen

Safai yn y gornel dywyll ar ochr dde'r llwyfan yn y P.J. yn cnoi ei hances boced. Safwn innau'n nerfus tu allan i ddrws y set yn disgwyl am y 'cue'. Croesodd yntau ataf gan gamu'n ofalus dros y darn pren gwichlyd i ddweud, 'Hwyl fawr iti, boi bach', ac ar hynny i mewn â fi yn llawn hyder.

Roedd pawb bron â thorri ei fol i wneud yn dda er mwyn Mr. Jones (yn ei wyneb) a John Gwil (yn ei gefn). Dyna'r math o foi ydi o. Yn y byd academaidd roeddach chi'n rhoi pum munud yn fwy ar draethawd i John Gwil, nid o ddiffyg parch i'r lleill ond o fwy o barch iddo fo. Ceid gweld ambell un yn rhedeg i ddarlith ganddo. 'Doeddwn i heb fod yn y coleg ond rhyw 'chydig o ddyddiau pan ddwedodd rhywun fod darlleniadau yn cael eu cynnal gan y Gymdeithas Ddrama Gymraeg ac wedi mynd yno mi sylwais fod dipyn o feddwl gan y Gymdeithas yma o'i chyn-hyrchydd. Yn y bedair blynedd a ddilynodd deuthum innau dan ei ddylanwad.

Y ddrama gynta wnes i efo John Gwilym oedd ei ddrama fo'i hun *Hanes Rhyw Gymro*. Roedd bron pob Cymro Cymraeg yn y coleg yn y cast enfawr. Y peth cyntaf a'm trawodd ynghanol yr holl weithgarwch oedd ysbryd ac afiaith John Gwilym ei hun. Roedd o fel un ohonon ni. 'Doedd dim blino arno fo. Rhyw frysio a rhuthro fyddai pawb. Gan fod gweithgareddau eraill a, weithiau, gwaith coleg i'w gwneud rhaid oedd defnyddio pob munud sbâr i ymarfer. Er ei holl waith y tu fewn a'r tu allan i'r coleg, llwyddai John Gwilym rywsut i ymddangos yn brydlon ymhob ymarfer gyda llawn cymaint, os nad mwy, o egni na ni oedd tua chwarter

**39**

ei oed. Diolch ei fod felly achos roedd peth wmbreth o waith ymarfer arnon ni.

Ar y teledu ryw noson roedd Syr John Gielgud yn dweud nad oedd digon o ofal yn cael ei roi yn y theatr fodern ar sut i ymdrin â geiriau, yn enwedig mewn dramâu Shakesperaidd a bod cynhyrchwyr yn rhoi mwy o bwys ar beth oedd yn cael ei wneud yn hytrach na beth oedd yn cael ei ddweud. Dyma imi lle roedd mawredd John Gwilym fel cynhyrchydd. Daeth â'i feddwl craff fel llenor i'w gynhyrchu. Credaf fod deallusrwydd yn anad dim yn hanfodol i gynhyrchydd ac, yn sicr, mae hwn gan John Gwilym. Wrth ymarfer *Cilwg yn Ôl,* ei gyfieithiad ef o *Look back in Anger,* sydd yn un o'r pethau grymusaf yn Gymraeg, rhoddai bwysigrwydd mawr i'r geiriau. Âi trwy bob brawddeg yn ofalus gan ymdrin â'i chymalau a nodi gwerth bob gair ond gan ofalu dweud bob hyn-a-hyn 'Paid â 'nynwared i boi bach, 'fedra i ddim actio'.

Roedd ganddo gydymdeimlad mawr â'r awdur, a hefyd gyda'r actor. Rhoddai ichi ryddid i deimlo'ch ffordd dwy'r ddrama a chyfle ichi adeiladu cymeriad ris wrth ris. Roedd ganddo'r ddawn i esbonio hefyd. Dweud pam yr oedd hwn-a-hwn yn dweud y peth-a'r-peth yn y fan-ar-fan. Mae hyn yn anhraethol bwysig. Mae'n rhaid i'r actor weld a deall ei waith gyntaf yn anad dim.

Cofiaf, wedi gadael y coleg, actio Gwilym Brewys i'r B.B.C. mewn darnau detholedig o *Siwan* i esbonio pwyntiau mewn darlith deledu gan John Gwilym ar y ddrama. Daeth i'r ymarferion yng Nghaerdydd ac esboniodd i ninnau. Gwyddem wedyn beth i'w wneud. Y cwbl a wnaeth oedd siarad â ni am ryw hanner awr a gwrando ar ein llefaru.

Roedd yn bwysig ein bod yn cael ein hatgoffa am y geiriau yn y coleg gan y byddem yn eu llefaru yn y P.J. Os na chymrech ofal yn fan'no gwastraff ar amser fyddai gwerthu tocynnau i neb oedd am eistedd yn unman ond y pum rhes gyntaf. Gresyn na fuasai theatr wedi dod ynghynt i Fangor i ffrwythau cynhyrchu John Gwilym fod wedi cael gwell perllan i dyfu ynddi.

Anelai bob amser at symylrwydd mewn llwyfaniad gan adael i'r geiriau yn llythrennol wneud y siarad. Gwnâi yn fawr o'r adnoddau prin oedd ganddo y tu ôl i'r llwyfan a dangosai gryn ddyfeisgarwch yn aml wrth bontio'r diffygion. Gwn am ambell i ddodrefnyn ddaeth o 'Angorfa', Groeslon, i lwyfan y P.J. ar gyfer ryw set neu'i gilydd. Pan fentrai rhai ohonom gynhyrchu drama ar gyfer yr Ŵyl Gelfyddyd byddai llawer o ddibynnu ar John Gwilym fel y dynesai dydd y perfformiad.

Cyn mynd i'r coleg ychydig iawn ohonom oedd wedi actio ar lwyfan o'r blaen. Eto i gyd llwyddai i roi hunan-hyder aruthrol ichi. Gan fod ganddoch chi ffydd yn y cynhyrchydd roedd ganddoch chi ffydd ynoch chi eich hun. Roedd ei bersonoliaeth yn eich swyno a'ch codi i lefel uwch o berfformiad ar y noson fawr. Ac ar y noson fawr, wel roedd ynghanol ei brysurdeb yn trefnu popeth i'r eiliad olaf ond eto heb anghofio yr actorion oedd yn chwysu chwartiau.

A sôn am chwysu mae'n rhaid imi gael dweud un stori am ddigwyddiad yn ystod ymarferion *Cilwg yn Ôl*. Roedd y diweddar Geraint Easter Ellis a minnau ychydig yn hwyr yn dod i'r ymarferion rhyw bnawn dydd Mercher. Wrth weld golwg anarferol wyllt ar y ddau ohonom gofynnodd John Gwilym be oedd yn bod. Atebais innau ein bod wedi bod wrthi'n brysur yn chwarae *table tennis*. 'Ylwch,' medda fo, 'mi ga i gêm efo chi ar ôl rihyrsal.' A mi gafodd. A mi roddodd gweir dda i'r ddau ohonom. Un fel'na ydi o. 'Run fath oedd hi efo *tiddleywinks* o bob peth dan haul y greadigaeth rhyw bnawn yn Groeslon. 'Welis i neb cyn na wedyn allai saethu'r didlen fach o ddrws y stafell ffrynt i'r potyn bach wrth y lle tân.

Gofynnodd gŵr imi'n ddiweddar pa goleg drama y bues i ynddo. Atebais inna, 'Coleg y Brifysgol, Bangor'. 'O,' medda fo, a gwên wybodus ar ei wyneb, 'mae John Gwilym yn fanno 'tydi'.

# 'Wel, Nage Boi Bach!'
## neu
# John Gwilym Jones: Cynhyrchydd IV

## gan

## Alun Ffred

GOLYGFA 1

*Noson aeafol ym Mangor Uchaf. Gwynt yn rasio trwy byrth y fynedfa a diadell welw'r llyfrgell yn rhythu ar gyfrolau trwchus. Criw annhebygol yn dechrau hel fesul dau a thri mewn stafell annhymig yn y coleg. Ymarferiad gan y Gymdeithas Ddrama.*

A. :   Sut mae'r ymarfer dysgu?

B. :   Mindia dy fusnes.

C. :   Lle mae John Gwil? Ma' gen' i draethawd i'w sgwennu.

A. :   Yn lle? Yn y Vaults?

J.G.J. :   Helo! Sut ydach chi i gyd? Mae'n oer yn tydi.

> *(Mae ei lygaid yn gwibio o gylch y stafell ac yn taro ar rywun yn gwenu'n braf.)*

Ti'n edrych wedi dy blesio. Rwyt ti'n hel gormod i'r hen geubal na yn dwyt.

C. :   Nacdw *(gan chwerthin).*

J.G.J. :   Gormod o fol o lawer i hogyn ifanc.

> *(Hyn yn hanner difrifol. Llywydd y Gymdeithas yn gwneud rhyw arwyddion amhendant ei bod yn well dechrau.)*

J.G.J. :   Reit 'ta. Mi ddechreuwn ni. Yr ail act heno yntê?

42

D. : Ie Mr. Jones, ond mae Wil wedi mynd i gâl swper. Mi ddaw yn ôl mewn rhyw hanner awr.

J.G.J. : O dyna ni 'ta. Mi 'nawn ni'r olygfa hefo chi, D . . . a J . . . yn fama.

*(Brasgamu ar draws y llawr; llusgo cadair neu ddwy i'r canol. Rhai mwy cydwybodol na'i gilydd yn hanner helpu.)*

A. : Lle mae'r bocs ma'n mynd, Mr. Jones?

J.G.J. : Yn 'rochor fanna weldi.

B. : *(Yn isel)* Dos 'na ddim blydi lle yn nacoes. Echnos 'roedd y bocs lathenni yn nes draw. By sy' ar y lari? *(Yn uchel)* Mr. Jones, 'roedd hwn yn nes fforcw tro blaen.

J.G.J. : Be ti'n ddeud boi bach?

B. : Y bocs 'ma, yn bellach draw tro blaen.

J.G.J. : Oedd, oedd. Ond 'does na ddim lle, nacoes. Mi ddechreuwn ni. Pawb yn dawal.


GOLYGFA 2

*(Llais y cynhyrchydd yn torri ar draws.)*

J.G.J. : Nage, nage boi bach. Nid 'Ond y mae gen ti enw,' fel rhaff trw dwll. Pwysleisiwch y gair allweddol. 'Ond y *mae* gen ti enw'. Trïwch chi feddwl bod tro *be* 'dach chi'n ddeud. Fel hyn weldi.

*(J.G.J. yn dangos. Bois bach yn gwenu.)*

J.G.J. : Rwan 'ta. Unwaith eto, a tro i ffwrdd ar ôl deud, nes y byddi di'n wynebu fforcw. Reit.

*(Boi bach yn gwneud.)*

J.G.J. : O! D . . . D . . . *(Nid rheg. Hyn yn llawn emosiwn trist.)* Troi ar ôl deud. Wyt ti ddim yn dallt? Wsnos sy gynnon' ni a dyma chdi wedi anghofio pob dim. Mae'n

ddrwg gen' i ond fydd raid i ni ail-wneud yr olygfa 'ma
i ni châl hi'n iawn. A plîs D . . ., trïa gofio. A peidiwch â
siarad tra ma' rhain yn actio ne . . .

GOLYGFA 3

J.G.J. :   Mi ddechreuwn ni hefo'r act ola' ma. 'Dach chi'n ista'n
           fama a chitha'n tywallt y gwin. A chofia y byddi di'n
           cymryd amser i dywallt o, a'i yfed o. Trïa feddwl be
           ti'n neud. Ffwr' chi 'ta.
           (*Yr olygfa'n dechrau. J.G.J. yn syllu'n fanwl. Ar ôl
           munud neu ddau.*)
J.G.J. :   Ma'n rhaid i mi'ch stopio chi. 'Roedd hwnna rŵan yn
           ddigon o ryfeddod. 'Rodd ych amseru chi'n hyfryd
           hollol. Gwnewch o unwaith eto er fy mwyn i.


Dyna rai o'r atgofion sy'n dod i gof wrth edrych yn ôl ar bedair
blynedd gyda Chwmni Drama Coleg y Brifysgol. Y gwamalu, yr
anrhefn a'r dwrdio, ond yn bennaf oll y gofal dros eiriau a sut i'w
i'w llefaru.
   Nid bod yn nawddogol ydw i wrth ddweud taw cynhyrchydd
coleg ydi John Gwilym Jones, neu o leiaf felly'r ydw i wedi'i
nabod o. Mae o'n gweld darlun yn ei feddwl ac mae o am gyfleu
hwnnw ar lwyfan, ac yn bwysicach, mae rhythmau'r sgwrs yn ei
ben hefyd, a'r rheini y mae am glywed ar y llwyfan. O reidrwydd,
felly, mae o'n cyfyngu ar ryddid yr actor. Ond dylid cofio nad
yw'r rhelyw sy'n cymryd rhan yn nramâu'r coleg yn actorion o
brofiad nac yn actorion o ddewis yn aml ac mae cyfarwyddyd
pendant o'r fath, felly, yn amhrisiadwy. Y ddadl yn erbyn hyn,
wrth gwrs, yw taw lle i arbrofi ynddo yw coleg yn un peth a
bod y profiad a ddaw wrth ymarfer cyn bwysiced, os nad yn
bwysicach, na'r perfformiad gorffenedig ar y llwyfan. O'm rhan
fy hun rydw i'n tueddu i ogwyddo tuag at yr agwedd olaf hon,

44

hyd yn oed mewn ysgol, ar waethaf y peryglon amlwg; nid yn gymaint i hybu datblygiad 'seicolegol' yr actor ond gan fy mod yn credu taw dyna'r ffordd orau yn y pen-draw i gael perfformiad deallus.

Ond hyd yn oed gyda'r dull hwn mae angen gweledigaeth ac arweiniad deallus, gwrthrychol gan y cynhyrchydd neu anrhefn a deyrnasa, pa bynnag ddull a ddewisir. Y feirniadaeth a anelir gan amlaf at gynhyrchu John Gwilym yw ei fod yn cyfarwyddo actorion hyd at y symudiad lleiaf a'r oslef olaf, ond beirniadaeth unllygeidiog yw hon. Nid actorion wrth reddf mo'r rhelyw o aelodau'r Gymdeithas Ddrama ac mae i ddisgyblaeth John Gwilym werth amhrisiadwy ynddi'i hun. Yn ail, y gwir plaen yw nad yw ei gynhyrchu mor robotaidd a pheiriannol ag y myn rhai ei fod. Os ydych yn llefaru'n naturiol ac yn ymateb yn ddeallus i'r actorion o'ch cylch ychydig iawn o 'Nage, nage boi bach,' a glywch, ac os yw symudiad yn teimlo'n chwithig yna fe wrendy'n barod ar unrhyw gynnig a wnewch. I actor diog, diddychymyg gall wneud gwyrthiau, ac i actor deallus gall gyfoethogi ei berfformiad.

Mae hanfodion cynhyrchydd da ganddo. Mae'n ddeallus—hanfod tra phwysig; gŵyr beth sy'n edrych yn dda ar lwyfan a'r hyn nad yw'n plesio'r llygad; ac, yn bennaf oll, mae ganddo glust fewnol sy'n ymglywed yn syth â rhythm naturiol brawddeg a sgwrs. Mi wnâi fyd o les i ambell i actor a llefarwr teledu gael eu cynhyrchu gan John Gwilym, iddynt sylweddoli bod angen gofal wrth lefaru Cymraeg a bod i'r iaith rythmau cynhenid naturiol. Nid gwenieithu'r oedd W. S. Jones pan ddwedodd, yng ngwledd flynyddol y Gymdeithas, ei fod yn dod bob blwyddyn i weld drama'r Coleg gan wybod y caiff glywed iaith yn cael ei llefaru'n naturiol a synhwyrol a chael pleser o wrando.

Gwendidau? Wel oes siawns. Ychydig 'welais i o'n ponsio hefo ochr lwyfannol y ddrama. Deimensiwn sy'n ymddangos ychydig cyn y perfformiad yw rhaffu setiau gwahanol olygfeydd at ei gilydd gan amlaf. Efallai hefyd ei fod yn anghofio ystyried drama yn ei chyfanrwydd wrth gynhyrchu ambell dro. Ond yr hyn a erys yn y cof yw pethau eraill. Y berthynas rwydd chwareus rhwng y cynhyrchydd a'r actorion/myfyrwyr; ei fwynhad digymysg wrth wrando ar ymarferiad graenus a'r deud distaw, di-lol, 'Maen 'nhw'n dda yn tydyn'. Ac yn bwysicach na hyn, y parch a enynnodd ynom at ddrama a llenyddiaeth a'r mwynhad a gawsom wrth weld brawddegau print yn troi'n sgwrs wefreiddiol ar lwyfan.

# ASTUDIAETHAU AMRYWIOL

*Dipyn o jôcs. Kate Roberts wrth ei hen gartref, Cae'r Gors, yn mwynhau ffraethineb John Gwilym Jones.*

Llun: Geoffrey Charles

# Nodyn ar natur sgwrs

## gan

## Emyr Humphreys

Gyda'r mwyafrif o ddramâu John Gwilym Jones, y cof cyntaf sydd gennyf amdanynt yw sŵn llais yr awdur yn eu darllen. (Nid oes amheuaeth gennyf mai fel hyn y dylid gwneud gyda phob drama newydd pe byddai hynny'n ymarferol. Clywais actor, ers llawer dydd bellach, yn cyfeirio at yr un arfer gan Harold Pinter.) Peth i'w chlywed, wrth gwrs, ydyw drama yn ei hanfod ac nid peth i'w darllen: a gorau oll os mai llais yr awdur yw'r peth cyntaf a glywir. Wedi clywed y llais, y mae gan gynhyrchydd hawl i gychwyn ar yr ymdrech ymarferol o gyfleu y cyfan i gynulleidfa ehangach. Digon gwir fod gan bob cymeriad yn y ddrama ruthm anochel ei ran sydd yn ei lywodraethu fel tynged dewin, a bod ganddo ei dipyn hawl i'w briod oslef, ond yr hyn sy'n rheoli'r cyfan yw cerddoriaeth gyfrin y dewin-Prospero sydd y tu ôl i'r hud a lledrith, a dyletswydd gyntaf cynhyrchydd yw myfyrio uwchben y geiriau printiedig nes clywed nodau clir y gerddoriaeth yn codi ohonynt. Y sŵn arbennig yma sydd yn arwain cynulleidfa i fyw dros dro o dan gyfaredd cyfarwydd, a gweld rhyfeddodau, a dod yn ôl i'w fyd ei hun i edrych arno megis o'r newydd.

Mewn oes sydd yn byw mewn cwmwl tew o gelwyddau, nid rhan ddibwys o swydd llenor yw dweud y gwir. Ystyriwch y llifogydd o gyfathrebu sy'n bygwth ein bodolaeth ni o fore gwyn tan nos: llais ffug agos-atoch-chi y radio foreol, ymosodiad beunyddiol y papurau newydd, yr hysbysebwyr, y rhaglenni teledu. Yn rhyfedd iawn, y mae'r rhain i gyd yn ceisio argyhoeddi trwy gynnig eu 'storïau' i ni fel newydd crasboeth, talpiau o wirionedd yn syth o'r ffwrn. Ond gwyddom oll fwy neu lai, mai chwedl yw'r cyfan. Ydi'r Arlywydd Nixon yn *bod* mewn gwirionedd ynteu ai actor profiadol ydyw sydd wedi gwneud ei ffortiwn yn chwarae rhannau dyn drwg? Miwsig cynefin sydd yn cyflwyno'r newyddion teledu, neu'n hytrach yn cyflwyno'r Sais llais-diwylliedig sydd yn ein gwahodd ni'n ddyddiol i edrych ar y Byd Mawr trwy sbectol ail-law Mr. Wilson neu Mr. Heath. Erbyn heddiw y mae holl broffwydoliaethau erchyll George Orwell wedi eu cyflawni'n llwyr. Yr unig beth yr anghofiodd y brawd craff hwnnw gynnwys yn ei batrwm oedd y cyffur cyfrin sydd yn cadw pawb ond Gwyddelod gwyllt yn llonydd yn eu cadeiriau esmwyth yn syllu ar y Cyfryngau.

Y mae'r dramodydd felly yn mentro dweud gwirionedd ei chwedl ef yn nannedd y Cyfathrebwyr, gan ddechrau llefaru efo'i lais bach ei hun. Y mae ganddo gyfeillion a'r rheini'n gwybod sut i wrando. Y mae ganddo ddisgyblion a'r rheini'n gwybod sut i ddilyn. Ar waethaf yr Oes, ac er gwaethaf y Cyfryngau a'r Hysbysebwyr sydd wrthi'u gorau glas o fore gwyn tan nos yn ceisio gweddnewid Cymry Gwynedd i fod yn unedau dof o fyd masnach Lerpwl, er gwaethaf yr Addysgwyr sydd yn ceisio creu Prifysgol sy'n edlych gwan profinsial o bob prifysgol Seisnig ond Rhydychen a Chaergrawnt, y mae'r dramodydd yn graddol lwyddo i argyhoeddi ei gynulleidfa am werth cynhenid ei bodolaeth Gymraeg. I mi, dyma'r unig esboniad boddhaol i gyfrif am ddylanwad eithriadol celfyddyd John Gwilym Jones ar fywyd pobl ddeallus Gogledd Cymru. Clywaf ei frawddegau ac adlais o'i arddull mor amlwg ymysg y bobl sy'n ymhel â llenyddiaeth a'r ddrama a'r celfyddydau cain yn y rhan hon o'r byd. Dafydd bach o lenor yw felly, un sydd wedi llwyddo i herio'r Goliath estron a chadw cyfran deg o'r glendid a fu yn dreftadaeth sicr i'r genhedlaeth newydd.

Rhan ganolog o gyfrinach ei gamp, yn sicr, yw ei feistrolaeth lwyr ar yr hyn a elwir gan Mr. Saunders Lewis yn ei ragymadrodd byr i *Blodeuwedd* yn 'farddoniaeth sgwrs'. Gair diddorol dros ben yw 'sgwrs'. Ymddengys ei fod yn fenthyciad od o ddiweddar o'r Saesneg 'discourse'. ('Disgwrs' oedd gair Twm o'r Nant, gyda'r acen ar y sill olaf.) Datblygiadau cymdeithasol dwy ganrif mewn dwy genedl sydd yn gyfrifol am y gagendor sydd wedi agor rhwng ystyr y ddau air. Y mae 'sgwrs' wedi hen ddisodli 'ymgom' ac 'ymddiddan' ar lafar gwlad yn y Gogledd. 'Ymddiddan' yr oedd y pendefigion yn oes y Mabinogi: 'sgwrsio' y mae cymeriadau John Gwilym Jones, cyfathrebu â'i gilydd y tu mewn i ddiogelwch ysbrydol yr hen iaith a'r hen gymdeithas. Nid yn unig y mae sgwrs yn gysur ac yn adloniant ac yn rhan ganolog anhepgorol o gymundeb byw; sgwrsio hefyd yw'r arwydd allanol olaf o genedligrwydd, o berthyn sicr i orffennol cenedlaethol.

Cymdeithas wan, ym mhen ei thennyn, yw cymdeithas sydd wedi dod i ddibynnu gymaint ar y ddefod o sgwrsio â'n cymdeithas ni. Er bod y cefndir hanesyddol yn weddol hysbys, rhyfeddol o brin yw astudiaethau gwyddonol o'r sefyllfa ac yn sicr nid astudiaeth felly yw'r ysgrif hon. Bodlonaf ar y gosodiad moel mai gweddill o genedl ydym fel cenedl, yn llusgo byw wedi canrif neu ragor o ddaeargrynfeydd cymdeithasol a diwylliannol. Ac y mae'r profiadau hyn yn ddrych manwl o argyfwng gwareiddiad y gorllewin.

Hyn yn syml sydd yn cyfri am yr argraff mai darlun o bobl ofnus, meddal, hunan-dosturiol yw'r darlun o Gymry a geir yn nramâu cynnar John Gwilym Jones. Y mae sgwrs ei gymeriadau yn aml yn adlewyrchu ebychiadau cenedl yn crynu ar fin dibyn ebargofaint: sisial y rhai ofnus nad oes ganddynt ran mewn trefnu nac mewn awdurdod ydyw. Yma hefyd y ceir y nodau cyntaf o bryder gwacter ystyr mewn llenyddiaeth Gymraeg. Tanseiliwyd sylfeini y wladwriaeth ymneilltuol gan addysg estron, gan ryfel, colli ffydd, a chynnydd di-droi'n-ôl cyfryngau cyfathrebu. Agorodd crac yn y cread. Daeth y byd yn blaned beryglus i bawb, ond yn arbennig o elyniaethus i'r Cymro. Pa ryfedd felly mai anamal iawn y gwelir cymeriadau Mr. Jones yn mentro i maes. Yn *Diofal yw Dim*, er enghraifft, llais dyn yn gwerthu papur newydd o'r golwg sy'n cyhoeddi 'sôn am ryfeloedd'. Y mae chwarae y ddrama yn dechrau ac yn diweddu mewn Sanitoriwm fel pe bai hyd yn oed y drefn fiolegol yn anelu'r pla gwyn yn un swydd at gyfansoddiad y Cymro. Os daw fflach o ddelfrydiaeth ar draws y llwyfan, diflanna'n ddisymwth fel breuddwyd glaslanc. Neu'n waeth fyth try'n wrthgiliad cyfleus.

Lleolir y ddwy ddrama nesaf, *Lle Mynno'r Gwynt* a'r *Gŵr Llonydd* yn niogelwch sicrach 'Ystafell eistedd wedi ei dodrefnu yn chwaethus a chysurus'. A pha ystafell eistedd mwy diogel yn y Gymru Gymraeg a fu, nag yng nghartref y gweinidog, aelwyd y bugail a allasai fod hefyd yn bennaeth ei bobl: y Mans hwnnw o ba un y bu i gymaint o feibion ddyfod allan i ddal swyddi pwysig yn y Gymru glaf? Yn fuan iawn yn y chwarae gwelwn cyn lleied o haearn sydd ar ôl yn y gwaed Ymneilltuol. Y mae'r Gyffes Ffydd o dan glo yn y cwpwrdd gwydr a'r bugail yn eistedd yn ei stydi yn cyfansoddi ffantasïau detectif. Y flwyddyn yw 1939, a thu allan i ffenestri'r Mans y mae cyfnos gwareiddiad y gorllewin yn ymgasglu. Nid yw'r bugail yn symud ryw lawer ac nid yw fawr o help chwaith i'r meibion a'r merched yn yr ystafelleistedd sydd yn cynnal cwest diderfyn uwchben cyflwr eu heneidiau a chyflwr y byd. Erbyn yr ail ddrama mae ffigwr y tad wedi diflannu'n gyfan gwbl. Yn y naill ddrama a'r llall yr unig un sy'n gweithredu yw y Fam. Hi sy'n gweithio. Hi sy'n hwylio bwyd. Hi sy'n cadw tŷ a chadw trefn ar y teulu trallodus yn wyneb yr holl ymosiadau o'r tu allan ac o'r tu mewn.

Tybed a fu erioed y fath oriel o ddarluniau o'r 'Fam Gymraeg' ag sydd i'w chael yn nramâu John Gwilym Jones? Alis Lloyd yn *Lle Mynno'r Gwynt*. Hi biau'r gair cynta a'r gair ola yn y ddrama. Poli Griffith hithau sydd yn preswylio yng nghanol llonydd *Gŵr Llonydd*. Saif yn y canol fel delw gerfiedig rhyw hen grefydd fenywaidd gyda bendith a melltith yn ei threm. Casi sy'n llywyddu dros fywyd y teulu yn *Y Tad a'r Mab*—ffynhonnell gyson o gysur a doethineb. Darlun gwych o fam yn cael ei dirdynnu gan hunllef am ei gŵr anffyddlon sydd wedi marw a lles ei hunig fab, yw'r un o Dora yn *Pry Ffenast*. Problem nid annhebyg sydd i fam weddw Peredur yn *Hynt Peredur*.

Gwrthgyferbyniad amlwg yw rhestr y Tadau. Ffigwr y tad, fel arfer, yw'r man gwan yng nghyfansoddiad aelwyd y chwedl.

Os yw Calvin Welsh yn llwyddiant fel awdur nofelau ditectif mae o'n bur aneffeithiol fel tad a bugail. Mae Poli'n weddw cyn dechrau *Gŵr Llonydd* ond pe bai ei gŵr hi'n fyw y mae dyn yn amau'n gryf mai rhyw faich ychwanegol a fyddai. Dyn capel yn mynd o'i go' yw Richard Owen yn *Y Tad a'r Mab*—fel petai'n troi pob 'rhinwedd' Ymneilltuol wyneb i waered. Talp o ragfarnau afresymol yw hwn yn sugno gwaed ei fab ieuengaf fel gelen. '. . . fyddi di byth hebdda' i wyt ti'n deall? Byth! Ble bynnag y byddi di, mi fydda' i yno efo ti. 'Rwyt ti'n meddwl rwan y medri di guddio oddiwrtha' i, ond fedri di ddim . . .?' (Onid darlun dychrynllyd hefyd o'r traddodiad teuluol Cymreig wedi troi'n incwbws, yn bla ac yn hunllef ar war y genhedlaeth newydd?)

Methu wynebu bywyd o gwbl a wnaeth gŵr Dora, a'i saethu ei hun. Pothell wyntog yw tad Dilys yn *Yr Oedfa*. Ted druan yn *A Barcud yn Farcud Fyth,* gŵr chwerthinllyd o ddi-ymadferth. Wele dy wŷr o Walia! Ymddengys weithiau bod eisiau i ddyn fod yn fusgrell neu'n ifanc i ennill cydymdeimlad llwyr y dramodydd hwn: cyn cyrraedd neu wedi mynd heibio oed cyfrifoldeb. Ac erbyn meddwl onid hyn yw hanes sawl Cymro cyfoes? Delfrydwr tanbaid nes gadael y coleg, syrthio'n swrth i swydd ac yna'n deffro ar ôl ymddeol i alarnadu am y gorffennol neu ganu grwndi am y llwybrau gynt. Anodd, wedi'r cwbl, yw i ŵr lwyddo'n anrhydeddus a ffynnu, os nychu ac edwino y mae ei genedl.

Mae holl gyfrifoldeb y drefnyddiaeth yn theatr John Gwilym Jones yn perthyn i'r merched ac yn enwedig i'r Mamau. Olion eu methodistiaeth nhw sy'n rheoli. Uchel-safonwyr ydynt, yn cadw anrhefn a pherygl distryw draw trwy gadw'r ddesgil deuluol yn wastad. Yn y dramâu hyn y mae'r delfryd o gymdeithas ddedwydd yn cael ei adlewyrchu yn y syniad o deulu ffyniannus o dan lywodraeth gadarn y fam, yn amlach na pheidio, sy'n ei gwneud hi'n bosibl i'r plant gael y cyfle a'r hamdden i feddwl yn ddwys ac i deimlo i'r byw. Canys dyna gyflwr naturiol y mwyafrif ohonynt; pobol o Wynedd gydag o leia un croen yn llai na'r rhelyw o'r ddynoliaeth. Hawdd ofnadwy inni fel cynulleidfa Gymraeg yw ein gweld ein hunain megis yn rhodio o flaen ein llygaid wrth syllu ar lwyfan y dramodydd. Nid profiad dymunol bob amser yw sawru ein gwendidau ni ein hunain. Ac eto, wrth gwrs, profiad dymunol dros ben yw gweld perfformiad boddhaol o unrhyw un o'r dramâu hyn. Peth peryglus yn sicr yw cymysgu bywyd a chelfyddyd, a cheisiwn osgoi hynny: mae'r naill a'r llall yn bod ar lefelau hollol wahanol. Mae'r artist yn medru trawsnewid yr hyn sydd yn flin a chythruddol mewn bywyd beunyddiol, yn harddwch syfrdanol yng ngwead ei gelfyddyd. Er gwaethaf y tebygrwydd anghysurus rhwyng sgerbwd y dramâu a hanes Cymru ein hoes ni, creadigaethau llawen ydynt sydd yn dathlu'n deilwng iawn fodolaeth a pharhad ein cymdeithas ni, a chalon y dathlu yw barddoniaeth y sgwrs. Yr hyn sydd yn gosod sêl mawredd ar waith John Gwilym Jones yw ei allu cyfareddol i greu sgwrs.

Fel gyda phob cyfansoddwr mawr y mae sŵn arbennig yn perthyn i'w gerddoriaeth ond gorchwyl anodd, ac efallai afraid, yw dadansoddi'r gwaith er mwyn cael hyd i'r rhin cyfrin sydd yn codi ohono. Meddyliwch, er enghraifft, am eiriau yr hen Richard Griffith ar ddechrau *Gŵr Llonydd*:

'Unwaith 'rioed y bûm i'n hwyr yn y capel . . . Unwaith 'rioed. 'Rydw i'n cofio'n iawn. 'Roedd yna Gyfarfod Pregethu yn Sardis, Llanegwyl. Ganol ha oedd hi, a finna wedi rhyw ddigwydd cysgu ar ôl te, a'r bobl tŷ capel dwp rheini'n anghofio neffro i, a dyna lle'r oeddwn i'n rhedeg i fyny'r allt a'r pen blaenor, yr hen John Williams, Hafod, yn nrws y capel wedi myllio ac yn gweiddi nerth ei ben, "Tyrd yn dy flaen, y llipryn diawl . . . llond capel o bobol yn aros amdanat ti, a thithau'n llusgo . . ." '

Hen ŵr yn baglu drwy ei atgofion cymysg o'r gorffennol pell . . . hwyrach yn wir, ac yn sicr dyma elfen bwysig o arddull yr actor wrth chwarae y rhan. Ond o'i ystyried fel darn o gyfansoddi, greddf sicr yr artist gyda'i glust fendigedig sy'n gyfrifol am ddewis a dethol pob gair a phob saib, pob adrodd ac ailadrodd, pob cymal a phob ansoddair. Trwy hyn y mae'r dramodydd yn creu nid yn unig gymeriad o gig a gwaed ond hefyd ddarlun clir, fel llun mynydd ar wyneb llonydd llyn, o gymdeithas, o ffordd o fyw, o bnawn Sul ers talwm iawn, iawn.

Codaf un enghraifft fechan arall. Y tro hwn cymeriad ifanc hoffus sydd yn siarad ar ddechrau *Pry Ffenast*:

'[Huw:] Mae'n iawn imi gael gwybod. Mi fydda' i'n teimlo ble bynnag y bydda' i'n mynd fod pawb arall o 'nghwmpas i'n gwybod. Ddoe ddwytha'n y mart 'roedd Ifan Hughes, Tŷ Ucha'n deud pwy oeddwn i wrth rhyw ffarmwr o ochra' Clynnog. O, ia, medda' hwnnw wrth ysgwyd llaw efo mi. 'Ro'n i'n nabod ych tad yn iawn . . . i weld o'n y Banc wch chi. Mi fydda'n chwerthin yn braf wrth siarad efo mi, a deud fod 'na ogla da arna' i. Biti garw ichi'i golli o . . . Mae o'n beth annifyr, mam.'

Y mae sigl ei deimladau yn cael eu hadlewyrchu'n berffaith gan rythmau y brawddegau nes bod annifyrrwch yr hogyn yn dalp o fywyd o flaen ein llygaid.

Mae'n gwbl amlwg mai'r un dramodydd sydd wrth ei waith. Y mae'r berthynas ffurfiol yr un mor amlwg ag ydyw mewn dwy ffiwg wahanol o waith Bach neu ddwy sonata gan Beethoven. Ac eto y tu mewn i'r tebygrwydd ffurfiol y mae byd o wahaniaeth, nid annhebyg i'r gwahaniaeth rhyfedd rhwng pob aelod unigol o deulu lluosog. Dyma ran o ddirgelwch y greadigaeth yn cael ei adlewyrchu'n gelfydd mewn celfyddyd.

Camp arbennig y bardd sgwrs yw pontio'r gagendor rhwng yr iaith lafar a'r iaith lenyddol. Y mae hyn yn rhan o swydd oesol y llenor yn niwylliant Ewrop. Cytuna holl feirniaid llenyddol yr Almaen, er enghraifft, mai pennaf gymwynas Bertolt Brecht oedd bywhau iaith or-lenyddol y Theatr Glasurol yn yr Almaen drwy drosglwyddo gwaed ac egni'r iaith lafar yn goeth ac yn gelfydd i'r llwyfan. Yn y traddodiad hwn, y mae dyrchafu iaith ei gymdeithas i lefel llenyddiaeth genedlaethol yn rhan o uchel-swydd y llenor. Y mae pob Almaenwr llengar o'r Dwyrain neu o'r Gorllewin, yn Gomiwnydd neu'n Gyfalafwr, yn mawrhau athrylith Brecht ac yn diolch amdano fel pair dadeni i'r iaith sy'n gyffredin iddynt. Nid llai yw ein dyled ni'r Cymry i farddoniaeth sgwrs John Gwilym Jones.

55

# Hanes rhyw Gymro

## gan

## R. Geraint Gruffydd

Wedi dramâu mawr Ibsenaidd y cyfnod wedi'r rhyfel—*Lle Mynno'r Gwynt* (1945), *Gŵr Llonydd* (1953), *Y Tad a'r Mab* (1959)—fe gafwyd gan Mr. John Gwilym Jones yn 1963 ddrama wahanol iawn, sef *Hanes rhyw Gymro.* Yr oedd yn wahanol am ei bod yn ymwneud, am y tro cyntaf yng ngyrfa Mr. Jones fel dramodydd, â stori o'r gorffennol, sef hanes y diwygiwr Piwritanaidd Morgan Llwyd. Ac yr oedd yn wahanol hefyd am fod y stori hon yn cael ei chyflwyno gyda llawer iawn mwy o amrywiaeth o ran techneg nag a ganiatasai Mr. Jones iddo'i hun o'r blaen. Ffynhonnell eithaf y rhyddid technegol newydd hwn, yn ddiamau, oedd gwaith y dramodydd mawr o Weriniaeth Ddemocrataidd yr Almaen—dramodydd mwyaf y ganrif hon, o bosibl—Bertolt Brecht.

Ganwyd Brecht yn Augsburg 1898 a bu farw yn Berlin 1956. Yr oedd yn fardd pwysig yn ogystal â dramodydd. Yr oedd hefyd yn Farcsydd o argyhoeddiad, a phan ddaeth Hitler i rym 1933 ffodd Brecht i Ddenmarc ac oddi yno i'r Unol Daleithiau. Dychwelodd i Ewrop 1947 ac ymsefydlu yn Nwyrain yr Almaen 1949, lle y creodd (gyda bendith ysbeidiol y llywodraeth) ei gwmni drama ei hun, y *Berliner Ensemble.* Trwy'r cwmni hwn gallodd gyflwyno'i syniadau am y ddrama i'r byd llengar yn gyffredinol. Arf yn y rhyfel dosbarth oedd drama iddo, ac felly ni fynnai ar un cyfrif gyflwyno rhith o fywyd rhwng tri mur i'w gynulleidfa a gadael iddi hi ymuniaethu'n oddefol â'r cymeriadau. Ei amcan yn hytrach oedd ei hyfforddi a'i herio i ddeall yn well ei swyddogaeth yn y proses hanesyddol yr oedd yn rhan ohono. Dywedai stori wrthi, stori'n egluro rhyw wirionedd Marcsaidd, yn aml wedi ei lleoli yn y gorffennol ac yn rhychwantu cryn bell-ter o ran amser a lle (wfftiai Brecht at yr undodau 'Aristotel-aidd'!). Wrth ddweud ei stori, a'i dweud mor ddifyr fyth ag y gallai, ymegnïai'r dramodydd i gadw'r gynulleidfa o hyd braich iddo fel y gallai hi ymateb yn rhesymol ac yn feirniadol i'r hyn a ddigwyddai o'i blaen a thrwy hynny ymroi'n fwy effeithiol i'w swyddogaeth yn yr ymdrech boliticaidd. Drwy gyflwyno'r chwarae mewn nifer mawr o olygfeydd byrion hynangynhaliol, drwy annerch y gynulleidfa'n uniongyrchol ar dro, drwy ddefnyddio caneuon a cherddi i glymu golygfeydd ynghyd neu i egluro arwyddocâd yr hyn a ddigwyddasai a thrwy aml ddyfais arall fe atgoffeir y gynull-eidfa'n gyson mai gwylio drama yr oedd, ac nid darn o fywyd, a bod disgwyl iddi farnu'r cymeriadau yn ôl eu cyfraniad (neu eu diffyg cyfraniad) tuag at les y ddynoliaeth yn gyffredinol. Nid oes arwyr y gellir ymuniaethu â hwy'n anfeirniadol yn nramâu Brecht, ym mwriad y dramodydd o leiaf. Eithr y gwir yw fod dynoliaeth Brecht yn llawer mwy na'i ddamcaniaeth, a bod ei ddramâu mawr—*Bywyd Galilei* (1938-9; 1954), *Gwraig Dda Setswan* (1938-40), *Y Fam Dewrder a'i phlant* (1939) a *Chylch Sialc y Cawcaswy* (1944-5)—yn gyson yn effeithio ar gynulleidfa-oedd mewn dull tra gwahanol i'r hyn a fwriadwyd gan eu crëwr.

Edrychwn yn fanylach am funud ar *Fywyd Galilei*. Gyrfa'r seryddwr a'r mathemategydd o'r Eidal yw'r pwnc, yr yrfa (meddir) a gychwynnodd wyddoniaeth fodern ar ei rhawd. Gwelir Galileo fel apostol sgeptigiaeth wyddonol yn cael ei drechu, oherwydd mai llwfryn cnawdol ydoedd yn y bôn, gan yr 'awdur-dodau y sydd' (a gynrychiolid ar y pryd gan Eglwys Rufain), a thrwy hynny'n sicrhau y byddai gwyddoniaeth am ganrifoedd yn gwasanaethu'r wladwriaeth ac nid y bobl yn gyffredinol. Cyfnod y ddrama yw'r wyth mlynedd ar hugain o 1609 hyd 1637, ac fe'i lleolir mewn o leiaf chwech o wahanol fannau yn yr Eidal. Cyflwynir y chwarae mewn pymtheg o olygfeydd cryno (er bod rhai ohonynt yn cynnwys areithiau lled faith), ac fe wneir defnydd celfydd o benillion cyflwyniadol ac o ganeuon. Darlunnir y cymer-iadau—mawr a mân—yn y ddrama gyda chysondeb a manyldeb rhyfeddol, fel eu bod yn argyhoeddi'n llwyr. Eto y mae effaith gyfun *Bywyd Galilei* yn gwbl wahanol i'r hyn a fwriadodd Brecht: yn lle gweld o'i blaen epicwread llwfr yn ildio'r wyddoniaeth newydd-anedig i ddwylo'r wladwriaeth yn lle ei chadw ar gyfer y bobl, fe fyn y gynulleidfa ganfod hen ŵr yn plygu'n gall o flaen y corwynt ac yn troi'i ddarostyngiad yn gyfle i sefydlu dwy gangen newydd sbon o wyddoniaeth—enghraifft o'r gwaseidd-dra gwrtharwrol creadigol hwnnw sy'n nodwedd ar amryw o gymeriadau Brecht, ac arno ef ei hun hefyd o ran hynny. Y mae pwynt arall ynglŷn â'r ddrama lle y trechwyd bwriad y dramodydd. Er bod Brecht yn credu'n sicr fod ei ddarlun o Galileo'n hanesyddol gywir yn ei hanfod, y mae haneswyr yn anghytuno'n llwyr ag ef! 'Y mae yma gamddealltwriaeth difrifol, sy'n cyrraedd hyd at y sylfeini' oedd geiriau Giorgio de Santillana (y pennaf awdurdod ar brawf Galileo) am y ddrama. Nid amheuwr mo Galileo, ond un a gredai'n ddiysgog fod nid yn unig ei wyddoniaeth ond hefyd ei esboniadaeth Feiblaidd yn well nag eiddo'r Pab ar y pryd (ac yn wir fe gydnabuwyd hynny gan y Pab Leo XIII yn 1893). Nid oes unrhyw dystiolaeth ei fod erioed wedi amau dysgeidiaeth grefyddol yr Eglwys Gatholig, beth bynnag oedd ei farn am gynrychiolwyr yr Eglwys honno yn ystod ei oes ef.

Hyd yn hyn, cymharol ychydig o ddylanwad a gafodd Brecht ar y theatr Saesneg—fe ddug y 'mudiad' a gynrychiolir gan Ionesco a Beckett ffrwyth mwy toreithiog o lawer. Ond cafwyd un arbrawf nodedig yn null Brecht, sef *Luther* John Osborne yn 1961. Dyma chweched drama Osborne, yn dilyn *Cilwg yn ôl* (1956), *Y Difyrrwr* (1957), *Marwnad George Dillon* (1958), *Byd Paul Slickey* (1959) a *Mater o Dramgwydd a Phryder* (1960). Cryn gamp oedd cyfansoddi chwe drama hir mewn cynifer â hynny o flynyddoedd, ond y mae Osborne yn ddiamau yn ddramodydd wrth reddf, beth bynnag fydd y farn derfynol ar ei waith. Dylid pwysleisio, fodd bynnag, mai arbrawf unig yw *Luther* yng nghanon Osborne, a dychwelyd i'w hen lwybrau, fwy neu lai, a wnaeth yn ei waith diweddarach. Ac nid twf organig o ddaear ei athroniaeth oedd y ddrama hon, fel yr oedd rhai Brecht i gyd. Nid syn felly ganfod nad oes i *Luther* unrhyw swyddogaeth gymdeithasol-ddidactig eglur. Yn wir, yn y bôn, astudiaeth seicolegol ydyw. Ei thema yw ymchwil y diwygiwr, drwy amrywiol droeon ei yrfa, am blentyndod a diniweidrwydd coll ac am gymod â'i dad: awgrymir yn wir mai dyma ysgogiad pennaf ei hiraeth am Dduw (yn ddigrif ddigon, fe wneir cyflwr coluddion Luther— yn arbennig ei ymgais i gael gwared o'i rwymedd—yn ddrych ac yn ddangoseg i hynt ei ymchwil ysbrydol). Ymestyn y chwarae o 1506, a Luther yn cael ei dderbyn i Urdd y Canoniaid Awstinaidd, hyd 1530, pan oedd y stormydd garwaf bellach y tu cefn iddo; ac eithrio un olygfa yn llety hela'r Pab yng Ngogledd yr Eidal, yn yr Almaen y lleolir y chwarae i gyd, eithr mewn cynifer â phump o wahanol ddinasoedd. Y mae deuddeg o olygfeydd yn yn y ddrama, ond parheir i lynu wrth y rhaniad traddodiadol yn dair act. Efallai fod wyth o'r deuddeg golygfa yn cyfateb i'r confensiwn arferol, a'r gynulleidfa'n cael gwylio'r chwarae o'r tu allan, fel petai, ond yn y pedair arall fe welir cryn arbrofi yn null Brecht: yn un ohonynt y mae Tetzel yn annerch y gynulleidfa i werthu ei faddeuebau, ac yn y tair arall y mae Luther ei hun yn pregethu iddi—yn yr olaf o'r rhain (III.2) fe ragflaenir y bregeth gan y ddadl â'r Marchog a'i dilyn gan briodas Luther â Katherine von Bora, sy'n golygu cywasgu sefyllfaoedd mewn dull cwbl 'afrealaidd', os goddefir y gair. Ar wahân i Luther a'i dad, efallai mai'r cymeriadau mwyaf byw yn y ddrama yw'r arweinyddion Catholig sy'n gwrthwynebu'r diwygiwr: Tetzel, Cajetan, y Pab Leo ei hun. Fel y dangosodd yr Athro Gordon Rupp, yr awdurdod mwyaf yn Lloegr ar Luther a'i weithiau, y mae ymdriniaeth Osborne â Luther yn fwy camarweiniol o safbwynt hanesyddol na hyd yn oed ymdriniaeth Brecht â Galileo. Y mae'r dramodydd yn methu nid yn unig mewn manylion ond hefyd yn ei ddehongliad canolog, a hynny oherwydd iddo ddilyn yn slafaidd lyfr gan seictreiddiwr Americanaidd, sef *Young man Luther* Erik H. Erikson. Ni cheir, gan nac Erikson nac Osborne, Luther y diwygiwr—y gŵr o argyhoeddiad diwyro a llawenydd byrlymus a drodd gyfandir cyfan wyneb i waered—ac y mae'r hyn a geir ganddynt yn aml wedi ei sylfaenu ar dywod damcaniaeth. Eto rhaid cydnabod fod yn nrama Osborne rai golygfeydd sydd yn ysgubol o lwyddiannus o safbwynt theatrig; ac y mae'r thema ganolog, er mor annigonol ydyw fel dehongliad ar y Luther hanesyddol, yn sicr o fod yn taro rhyw dant archdeipaidd ym mynwes pob un ohonom.

Ni ellir dweud yn bendant fod dylanwad yr un o ddramâu Brecht i'w ganfod ar *Hanes rhyw Gymro,* er ei bod yn annichon nad oedd Mr. John Gwilym Jones, sydd mor effro i bob datblygiad newydd ym myd y theatr, yn dra chyfarwydd â'i waith erbyn 1963. Ar yr olwg gyntaf gellid tybio fod yr ymryson diarhebion rhwng Huw Llwyd a Morgan ar ddechrau'r ddrama i'w olrhain i ymrysonau nid annhebyg ym *Mywyd Galilei* (VII) ac yng *Nghylch Sialc y Cawcasws* (VI)—ond y gwir yw, fel y mae'n hysbys, fod ymrysonau diarhebion yn digwydd yn 'Llyfr y Tri Aderyn' ei hun (*Gwaith Morgan Llwyd* [= GML1], i, 183-5, 191-2). Pwysicach na manylyn fel hwn yw'r ffaith nad oes arlliw o ôl estheteg wleidyddol Brecht ar waith Mr. Jones. Yr hyn a geir yn hytrach yw saer drama'n ymateb yn afieithus i arbrofion technegol saer drama arall (sy'n digwydd bod hefyd yn dipyn o athronydd gwleidyddol), gan eu hefelychu, ac yn wir fynd y tu hwnt iddynt, lle y gweddai hynny i'w gynlluniau ei hun. Gwahanol yw perthynas Mr. Jones â John Osborne. Yr wyf yn tybio fod ôl *Luther* i'w ganfod yn eithaf eglur ar *Hanes rhyw Gymro,* nid yn unig yn y dull y cyfosodir golygfeydd 'realaidd' (rhai ohonynt yn darlunio digwyddiadau hanesyddol o bwys) ac areithiau uniongyrchol, ond hefyd mewn manylion. Er enghraiffT, ni all neb a welodd y cynhyrchiad gwreiddiol o *Luther,* a gwylio'r diwygiwr ar y diwedd, yn unig ar y llwyfan, yn cymryd ei fab bychan yn ei freichiau a sgwrsio'n annwyl ag ef, lai na chofio'r olygfa honno ar derfyn *Hanes rhyw Gymro* pan wêl Forgan Llwyd â'i faban yntau yn ei freichiau—y mae naws ac effaith y ddwy olygfa yn dra thebyg i'w gilydd. Ar lefel fwy sylfaenol gellid dadlau mai astudiaeth seicolegol yw *Hanes rhyw Gymro* hithau yn y bôn, er bod Morgan Llwyd, megis Luther, yn gorfod dilyn ei ymchwil am dangnefedd a chyfanrwydd personol yn erbyn cefndir o ddigwyddiadau hanesyddol tra phwysfawr—yr hyn a alwodd Mr. J. H. Watkins[1] yn blethu ynghyd yr agwedd epig a'r agwedd delynegol.

Fe'n dysgwyd gan Mr. John Gwilym Jones ei hun y dylem allu mynegi thema sylfaenol unrhyw ddrama mewn un frawddeg gryno. Pa frawddeg gryno a fynega thema *Hanes rhyw Gymro*? Fe'm temtir i geisio ateb drwy ddyfynnu llinell o waith Alafon, y bu W. J. Gruffydd mor sgornllyd ar ei chorn unwaith, 'Ond gŵyr fy nghalon fwy na'm pen' (adlais eglur o Pascal, gyda llaw). Ac ymhelaethu ychydig, dweud y mae Mr. Jones yn *Hanes rhyw Gymro* mai pethau sy'n rhannu a dinistrio yw argyhoeddiadau ymenyddol a dogmâu o bob math, ac mai pwysicach o lawer yn y bôn yw perthynas dyn a dyn, a gŵr a gwraig, a rhieni a phlant. Er mai am ddogmâu ac argyhoeddiadau crefyddol y mae *Hanes rhyw Gymro* yn sôn, fe ddywedir rhywbeth nid annhebyg am ddaliadau gwleidyddol yn y ddrama radio *Hynt Peredur,* sydd ychydig yn gynharach na *Hanes rhyw Gymro* ond sy'n amlwg yn gynnyrch yr un ysgogiad creadigol. Darlunnir y thema yn y ddrama lwyfan drwy gyfrwng bywyd a gyrfa Morgan Llwyd o Wynedd, y llenor a'r diwygiwr Piwritanaidd mawr o'r ail ganrif ar bymtheg—teitl cân hunangofiannol ganddo ef yw 'Hanes rhyw Gymro'. Drwy gydol y ddrama y mae Llwyd yn cael ei lygad-dynnu gan y naill set o opiniynau crefyddol ar ôl y llall, yn cael ei hudo ganddynt weithiau i glwyfo ei geraint a'i gyfeillion, ond yn methu â chael bodlonrwydd terfynol yn yr un ohonynt ac o'r diwedd yn eu ffeirio'n llawen am solas cwmnïaeth ei deulu. Egyr y chwarae gyda sefyllfa sy'n ddrych o ddilema Llwyd: ac yntau'n fachgen un ar bymtheg oed, fe dorrir ar draws ei fyfyrdod ar fwyniannau ei gartref gan ddadl rhwng ei daid, sy'n ochri at Babyddiaeth, a'i fam, sy'n gryf o blaid Eglwys Loegr, ac y mae yntau'n methu'n lân â thorri'r ddadl yn ei feddwl rhyngddynt.

---

[1] Mewn adolygiad pwysig yn *Y Traethodydd,* 4, xxiv (1966), 47-8.

Cynrychiolir y dilema ar ei waethaf gan berthynas Llwyd â'i was ffyddlon Siencyn Dafydd, nad yw fawr o grefyddwr ond sy'n addo iddo, fel Ruth wrth Naomi, 'Mi ddo' i efo chdi i ble bynnag yr ei di'; pan fo Siencyn ar farw, fodd bynnag, y mae ei Babyddiaeth waelodol yn brigo i'r wyneb ac y mae'n erfyn ar Llwyd dorri arwydd y groes drosto â chrair er mwyn byrhau ei Burdan, ond fe rwystrir Llwyd rhag talu'r gymwynas olaf hon i'w hen gyfaill gan ei argyhoeddiadau Piwritanaidd. Fe drowyd Llwyd yn Biwritan drwy bregethu Walter Cradoc, ac yng ngwres ei gariad cyntaf y mae yntau'n addo i Cradoc, 'I ble bynnag yr ei di, mi ddo' inna', ac yn dweud wrtho ''R ydw i am fod yn sant fel yr wyt ti yn sant'; ond fe'i troir gan Vavasor Powell at ddaliadau milenaraidd Plaid y Bumed Frenhiniaeth, ac fe bair hyn ei fod yn cefnu ar Cradoc. Yn ddiweddarach, ac yntau bellach wedi syrffedu ar opiniynau, y mae'n gwrthod dadleuon Powell yn erbyn Cromwell (am iddo ddileu Senedd y Saint) a dadleuon Cradoc o'i blaid, ac fe'i gadewir gan y ddau; yn y cyfwng hwn y ceir ganddo'r mynegiant croywaf o'i sgeptigiaeth newydd: 'Mae'r dyn da, doeth yn byw oes o ansicrwydd, yn feunyddiol yn chwilio ac yn ymbalfalu, a Duw'n edrych ar ei wendid yn drugarog . . .' Wedi hyn y daw'r ergyd terfynol. Cafodd Llwyd gyfaill newydd yn ei ddisgybl ifanc John ap John a chlywed hwnnw'n dweud wrtho ''R ydw i am fod yn sant fel 'rydach chi'n sant' a 'Mi ddo' i efo chdi i ble bynnag yr ei di'; fe'i gyrrodd i Sir Gaerhirfryn i ddwyn adroddiad iddo am George Fox a'i Gyfeillion, ond fe ddychwelodd oddi yno yn Gyfaill argyhoeddedig ei hun ac ymosod yn llym ar Llwyd am dderbyn degwm, a'i adael am byth. Fe drodd y rhod, a Llwyd yn awr a adewir yn unig, wedi'i glwyfo gan gyfaill oblegid argyhoeddiadau hwnnw, fel y clwyfasai ef Siencyn a Chradoc o'r blaen. Dan yr ergyd hwn y mae Llwyd yn suddo i nihilistiaeth lwyr ac yn dyheu am angau, ond yna fe'i gwaredir gan ei wraig a'i blant. Er iddo ef fethu â'i hiawnbrisio bob amser, y mae hi drwy'r ddrama wedi bod yn graig o gadernid, â'i thraed yn solet ar y ddaear, yn dygymod yn oddefgar neu'n betrus ag amrywiol argyhoeddiadau ei gŵr, nid am ei bod o angenrheidrwydd yn cytuno â hwy ond am mai ef yw ei gŵr hi a thad ei phlant—y berthynas rhyngddynt sy'n bwysig iddi hi. Ac fe wêl yn gyson yr hyn na wêl Llwyd ond yn ysbeidiol, fod yr elfen rywiol yn hanfodol i'r berthynas honno—peth a bwysleisir hefyd gan Jane yn *Hynt Peredur.* Hyhi sy'n ennill yn y diwedd: daw'r ddrama i ben a Llwyd yng nghanol ei deulu, yn canu 'Dau gi bach' i'w blentyn ieuengaf. Un mlynedd ar ddeg cyn hyn yr oedd Siencyn wedi ei ddal yn canu emyn o'i waith ei hun i'w fab cyntafanedig ac wedi cymryd y bychan oddi arno a chanu 'Dau gi bach' iddo. Cân Siencyn ac nid ei emyn ef ei hun a genir gan Llwyd pan dderfydd y ddrama 'ar nodyn o lawenydd, hoffus, distŵr', chwedl y cyfarwyddyd llwyfan. Cefnwyd ar yr argyhoeddiadau mawrion fel pethau sy'n rhannu, a dewis yn hytrach y pethau bychain sy'n clymu: cariad tad at ei blant, serch gŵr at ei wraig. O safbwynt dramatig, godidog o ddiweddglo yw hwn.

Dyma'n fras thema *Hanes rhyw Gymro.* Y mae, wrth gwrs, yn thema neu'n thesis y gellid anghytuno â hi. Ei rhactyb sylfaenol yw nad yw argyhoeddiadau crefyddol, neu o leiaf y mynegiannau geiriol ohonynt, yn werth anghytuno yn eu cylch, ac y mae hon yn rhactyb y byddai'n amhosibl i unrhyw Gristion uniongred, o leiaf, gydsynio â hi. Gellid dadlau ymhellach nad yw unrhyw berthynas yn ddigynnwys, fod yn rhaid wrth gytundeb bras o ran argyhoeddiadau cyn y gellir cyfeillgarwch dwfn ac arhosol, ac na cheir ychwaith briodas wir ddedwydd heb fod y ddeuddyn yn cydsynio'n weddol ynglŷn â'r pethau yr ystyriant eu bod o bwys. 'R wy'n credu mai'r tywysog Henri o Loegr, a fu farw saith mlynedd cyn geni Llwyd, a ddywedodd pan gynigiwyd iddo dywysoges Babyddol yn wraig nad y gwely oedd y lle priodol i uno Protestaniaid a Phabyddion! Eto, wedi dweud hyn oll, rhaid cydnabod fod digon o wir yn thema *Hanes rhyw Gymro* i beri fod y ddrama'n gwbl hyfyw a chredadwy ar lwyfan, a hynny sy'n bwysig ar hyn o bryd. Wedi'r cyfan, fe all argyhoeddiadau crefyddol rannu dynion nid yn unig ynglŷn â phynciau o dragwyddol bwys ond hefyd mewn materion cymharol ddibwys. Mwy na hynny, fe all argyhoeddiad crefyddol, *os erys yn rhyw-*

*beth ymenyddol yn unig*, fferru personoliaeth dyn a'i rwystro rhag ymateb yn gariadus i anghenion ei gyd-ddynion. Ac yr oedd Llwyd, yn ôl pob tystiolaeth sydd gennym amdano, yn fyw iawn i'r naill a'r llall o'r ddau berygl hyn.

Daw hyn â ni at fater ehangach, sef problem dilysrwydd hanesyddol y darlun o Llwyd a gyflwynir yn *Hanes rhyw Gymro*. Dau beth y carwn eu dweud ar y pwnc hwn: yn gyntaf, nid wyf yn credu mai'r gwir Forgan Llwyd a gyflwynir inni yn y ddrama, mwy na'r gwir Galileo gan Brecht neu'r gwir Luther gan Osborne; ac yn ail, nid wyf yn credu fod hynny o unrhyw bwys pan awn ati i feirniadu'r ddrama fel drama. Ynglŷn â'r pwynt cyntaf, nid sôn yr wyf am fanion megis dyddio amryw ddigwyddiadau'n anghywir—dienyddiad yr Archesgob Laud, er enghraifft, neu weithred Llwyd yn ymostwng i dderbyn y degwm—oherwydd y mae gan ddramodydd berffaith hawl i newid manylion fel hyn at ei bwrpas. Sôn yr wyf yn hytrach am y darlun a geir yn y ddrama o Llwyd yn cofleidio'n awchus y naill argyhoeddiad crefyddol ar ôl y llall—piwritaniaeth radicalaidd Cradoc, milenariaeth Powell, cyfriniaeth Jacob Boehme (er na phwysleisir hon)— ond yn y diwedd yn ymwrthod â hwynt oll ac yn troi am gysur, yn wag o bob argyhoeddiad, at ei briod a'i blant. Y mae'n wir i Llwyd ymwrthod yn raddol ag oblygiadau milwrol ei filenariaeth, ond yn sicr nid ymwrthododd erioed â'r ffydd sylfaenol a gawsai trwy Cradoc ʾn 1635 nac (ysywaeth) â'r golau newydd a ddaeth iddo trwy Boehme yn 1651. Yn wir, ar un olwg, yr un oedd ei drafferth ef â thrafferth Galileo: nid credu rhy ychydig ond credu gormod. Eto, fel y nodwyd uchod, nid yw dweud hyn yn feirniadaeth yn y byd ar ddrama Mr. Jones. Fel y cawsom ein hatgoffa'n ddifloesgni gan Robert Williams Parry, y mae rhagor rhwng gwirionedd y dramodydd a gwirionedd yr hanesydd. Nid dehongli'r Morgan Llwyd hanesyddol oedd amcan Mr. Jones yn *Hanes rhyw Gymro,* ond cyfleu gweledigaeth arbennig ar fywyd yn nhermau hanes Morgan Llwyd—a'r weledigaeth sy'n bwysig, nid yr hanes.

Trown i ystyried yn frysiog rai materion technegol ynglŷn â'r ddrama. Y mae'r chwarae ynddi'n ymestyn dros gyfnod o ddeunaw mlynedd, sef 1635-1653, ac yn digwydd mewn amryw byd o leoedd: Cynfal, Wrecsam, Llanfaches, Llundain, Trefaldwyn. Nid ymyrrir â threfn amser yn y ddrama, ond fe wibir o le i le yn gwbl ddilyffethair, gan fanteisio hyd yr eithaf ar ryddid llwyfan di-len y gellir goleuo gwahanol gonglau ohono yn ôl y galw. Mwy na hynny, fe ddygir y chwarae ymlaen drwy gyfuno â'r elfen sylfaenol, sef sgwrs rhwng dau neu fwy o gymeriadau, amryw elfennau eraill llai cynefin, megis siarad yn uniongyrchol â'r gynulleidfa, dadleuon mwy neu lai ffurfiol rhwng cymeriadau'n cynrychioli gwahanol safbwyntiau, areithiau, pregethau, gweddïau ac weithiau ddyfyniadau o lyfrau neu gerddi neu lythyrau Llwyd ei hun. (Drwy'r areithiau, at ei gilydd, y cyflwynir y digwyddiadau hanesyddol o bwys y cyfeiriwyd atynt yn barod, megis dienyddio Siarl I neu ddileu Senedd y *Rump* gan Cromwell.) Ac fe gyflwynir y gwahanol elfennau hyn mewn dull sy'n anwybyddu'n llwyr gonfensiynau'r theatr realaidd. Yn yr olygfa gyntaf, er enghraifft, fe geir y dilyniant canlynol heb fod dim yn nodi'r ffin rhwng yr unedau oddieithr newid safle ar lwyfan a newid golau: cyfarch y gynulleidfa'n uniongyrchol, sgwrs, cyfarch, sgwrs, cyfarch, dadl fer, cyfarch, sgwrs, cyfarch, sgwrs —ac fe geir mwy o amrywiaeth fyth yn rhai o'r golygfeydd sy'n dilyn. Y mae fel petai Mr. Jones am ennill i'w theatr gymaint ag sy modd o ryddid y ffilm (ond heb yr ôl-fflach) a'r nofel lifymwybod. Eithr ni all fod amheuaeth nad arbrofion Brecht ac Osborne oedd prif ysgogiad yr ymryddhau hwn. Diddorol nodi felly na welir yn eu gwaith hwy ddim byd agos mor fentrus, os dyna'r gair, ag a geir yn *Hanes rhyw Gymro*—fel y sylwyd eisoes (uchod, t. 59) mewn un olygfa yn unig yn *Luther* y ceir y math o gymysgu confensiynau sy'n digwydd yn rheolaidd yn nrama Mr. Jones. O safbwynt technegol, gan hynny, yr hyn sy'n hynod ynglŷn â *Hanes rhyw Gymro* yw nid yn unig y modd yr elwodd Mr. Jones ar ddyfeisgarwch ei ragflaenwyr ond hefyd y modd yr aeth ymhell y tu hwnt iddynt mewn rhai cyfeiriadau.

O droi at gymeriadaeth *Hanes rhyw Gymro,* yr hyn a'n tery ar unwaith yw'r modd y llwyddodd Mr. Jones i anadlu bywyd cyflawn i gynifer o'i gymeriadau. Dyna Forgan Llwyd ei hun i ddechrau, y cyfrinydd *manqué,* gyda'i amhendantrwydd cynhenid yn ei yrru i chwilio am sicrwydd gan y naill dad-arweinydd ar ôl y llall, gan ei hyrddio weithiau o binacl afiaith gorawenus i ddyfnder anobaith, nes cyrraedd y *dénouement* tawel, 'all passion spent'. Gyferbyn â Morgan fe saif Ann ei wraig, un o ferched godidog Mr. Jones: er ei bod (meddir) yn gyfrannog o'r un ffydd â'i gŵr, daearol iawn yw hi—yn sefydlog lle bo ef yn ansefydlog, yn amheus o'i ehediadau a'i ecstasïau, yn ei alw'n ôl beunydd at ddyletswyddau a phleserau'r ddaear, ac yn ei dderbyn wedi'r cwymp terfynol i fynwes y teulu a oedd yn ffrwyth eu serch. Ni chaiff Huw Llwyd y taid[2] nà Mari Llwyd y fam y fath gyfle i amlygu eu hunaniaeth, ond y maent hwythau (yn enwedig y taid) yn rhywbeth amgenach na chynrychiolwyr Pabyddiaeth a thraddodiad ar y naill law ac Anglicaniaeth ddefosiynol bore oes Llwyd ar y llaw arall. Erys addfwynder cadarn Walter Cradoc a gerwinder hoffus Vavasor Powell yn fyw yn y meddwl ar wahân i'r safbwyntiau a gynrychiolant—Annibyniaeth radicalaidd a Phlaid y Bumed Frenhiniaeth, a siarad yn fras. Dynol i gyd yw Siencyn Dafydd: geill newid ei ddaliadau crefyddol yn ôl y galw (er mai ei Babyddiaeth, fel y sylwyd, sydd drechaf yn y diwedd) ond y mae'n ddiwyro ei ffyddlondeb i Forgan a'i dynerwch tuag ato. Felly hefyd John ap John i ddechrau, ond fe fygir ei ddynoliaeth ef gan ei dröedigaeth at y Crynwyr. Ffigurau yn chwarae eu rhan ar lwyfan hanes yw Siarl I a Cromwell, ond gwych y cyfleir diffuantrwydd hytrach yn fursennaidd Siarl a'r dymestl o ddyn oedd Cromwell—gwneir defnydd helaeth o union eiriau eu hareithiau, wrth gwrs. Unwaith yn unig yr ymddengys y Trempyn, a hynny er mwyn pontio rhwng golygfa dienyddio Siarl a golygfa dileu y *Rump* gan Cromwell, ond fe roir yn ei enau

---

[2] Tebyg mai tad Morgan Llwyd ydoedd Huw Llwyd, mewn gwirionedd.

*tour de force* o araith, yn llawn hiwmor priddlyd a doethineb gefn gwlad. Y mae'n ychwanegiad nodedig, er ar raddfa fechan, at oriel o bortreadau hynod gyfoethog.

Elfen arall yng nghyfoeth cyfan *Hanes rhyw Gymro* yw'r feistrolaeth a welir ynddi ar iaith. Nid y Trempyn yn unig a gaiff araith sy'n gweddu i'r dim i'w safle a'i sefyllfa ar y pryd, ond pob un o'r cymeriadau. Ac y mae'r iaith a ddefnyddiant yn aml yn gweithredu ar fwy nag un lefel. Sylwaf yn fyr ar ddwy agwedd yn unig ar hyn, sef cyfeiriadaeth y ddrama a'i defnydd o eironi. O ran cyfeiriadaeth, y mae sgwrs Morgan Llwyd ei hun yn gyforiog o adleisiau o weithiau'r awdur hanesyddol—ac nid cyfeirio'r wyf at ddyfyniadau uniongyrchol o'i lyfrau a'i gerddi. Cymerer ei araith gyntaf (t. 9) sy'n sôn yn syth am gigfrain a cholomennod ac eryr, sef 'cymeriadau' llyfr enwocaf Llwyd, *Dirgelwch i rai i'w ddeall ac i eraill i'w watwar* neu 'Llyfr y Tri Aderyn' (1653). Symudwn ymlaen i'r ail araith (t. 10) a gwelwn yno gyfeiriad at rosynnau gardd Tyddyn Du:

> 'R oeddwn i'n edrych arnyn' nhw ar flaenau nhraed dros y mur y bore 'ma. "Pam na ddoi di i'r ardd i'w cyrchu nhw?" meddai Ffowc Prys. "Peth ynfyd ydi dy ladd dy hun yn edrych arnyn nhw dros y mur."

Adlais a geir yma, wrth gwrs, o frawddeg drawiadol o'r *Llythyr i'r Cymry cariadus* (1653):

> Yr wyt ti'n chwennych y rhosyn, heb fynnu dyfod i'r ardd i'w gyrchu, ond yn darfod ar dy draed wrth edrych dros y mur (GMLl, i, 117).

Dro ar ôl tro yn ystod y ddrama fe wneir rhywbeth tebyg i hyn— fe gymerai ormod o ofod yma i restru'r holl enghreifftiau.[3] I'r sawl sy'n gyfarwydd â gwaith Llwyd, y mae adnabod yr adleisiau hyn yn ychwanegu'n sylweddol at y pleser a geir o weld neu ddarllen y ddrama. Dylid nodi, fodd bynnag, fod i'r adleisio hwn swyddogaeth bellach, ar y cychwyn o leiaf, sef dangos y Morgan

---

[3] Cymharer, er enghraiifft *HrhG* t. 11, 25 â GMLl, i 258; *HrhG* t. 14 â GMLl, i, 116; *HrhG* t. 50 â GMLl, i, 118; *HrhG* t. 54 â GMLl, i, 119; *HrhG* t. 65 â GMLl, i, 157.

Llwyd ifanc yn storio'r profiadau yr oedd i'w troi'n llenyddiaeth yn ddiweddarach. Daw'r swyddogaeth hon â ni yn bur agos at yr ail nodwedd y carwn sylwi arni, sef defnydd Mr. Jones o eironi dramatig. Er nad yw'r nodwedd hon lawn mor amlwg â'r gyntaf, fe welir amryw o enghreifftiau trawiadol yma a thraw drwy'r ddrama. Dyna Forgan yn llanc un ar bymtheg oed yn rhyfeddu mor anaddas oedd ei enwi ar ôl yr arch-heretic Pelagius ac yn ychwanegu (t. 14): "Does dim deunydd heretic yna' i'! Dyna Siencyn ar y tudalen nesaf yn sôn yn 1635 am Loegr yn mynd i ryfel, ac 'os na ffeindith hi wlad dros y môr i ryfela efo hi, mi fydd yn rhyfela efo hi'i hun'. Dyna ragweld dyfodiad Cromwell (tt. 42-4) a Senedd y Saint (t. 61). Ac yn fwyaf blasus o'r cwbl dyna Ann Llwyd yn rhybuddio John ap John yn gellweirus i beidio â gadael ei het yn Sir Gaerhirfryn pan â yno i ysbïo ar y Crynwyr dros ei gŵr (t. 79)—a ninnau'n gwybod y byddai'n dod oddi yno yn Grynwr ei hun, a'i het yn sownd am ei ben! Difyr iawn yw gweld meistr yn defnyddio'r ddyfais oesol hon.

I grynhoi, beth a ddywedwn ni am *Hanes rhyw Gymro*? Er nad yw'n cynnig inni ddehongliad diogel o'r Morgan Llwyd hanesyddol, ac er bod ei thema (o'i mynegi'n ddiamod) yn un y gellid anghytuno â hi, nid oes dim amheuaeth yn fy meddwl i nad yw hon yn ddrama fawr. Fe'i hadeiladwyd yn dra chelfydd, gyda phob elfen amrywiol ynddi yn cyfrannu at yr undod terfynol. Y mae'n hynod fentrus o ran ei dulliau llwyfannu, ac eto'n hynod lwyddiannus ar y cyfan. Ond nid yw crefftwaith y ddrama'n tynnu ein sylw o gwbl oddi wrth y cymeriadau a gyflwynir ynddi: y maent hwy'n magu eu bywyd eu hunain wrth iddynt gerdded o'n blaen ar eu rhawd derfynedig. Ac y mae'r iaith a ddefnyddiant yn gyfewin addas, yn aruchel neu'n sathredig yn ôl y galw, yn gyforiog o gyfeiriadaeth ac yn cynnwys aml gyffyrddiad cyrhaeddgar o eironi. Pe gwelem unwaith gynhyrchiad cwbl deilwng o *Hanes rhyw Gymro*, gyda thîm o actorion proffesiynol atebol i'r galw, yn defnyddio hyd yr eithaf holl adnoddau'r theatr fodern, yr wyf yn credu y cydnabyddem i gyd wedyn fod Mr. John Gwilym Jones yn y ddrama hon wedi rhoi inni gampwaith eglur.

# Rhyfedd y'n Gwnaed[1]

## gan

## John Rowlands

Yn ei ysgrifeniadau beirniadol bydd John Gwilym Jones weith-
iau'n rhoi'r argraff ei fod yn cymryd y safbwynt 'clasurol' tuag
at y ddeuoliaeth cynnwys/mynegiant. Mae'n dadlau dro ar ôl
tro nad 'gwaith llenor yw bod yn wreiddiol ei syniadaeth na'i
brofiad',[2] ac wrth drafod ei ddull o ddysgu llenyddiaeth mewn
Prifysgol mae'n pwysleisio mai'r man cychwyn bob amser yw
meistroli'r grefft o saernïo brawddegau a pharagraffau, a bod
'gwybodaeth o ramadeg yn hollol angenrheidiol.'[3] Ac wrth sôn am
weithiau amrywiol fel *Monica* a *Who's Afraid of Virginia Woolf?*,
*Oidipos Frenin, Macbeth, Tom Jones, Enoc Huws* ac *Wrth Aros
Godot* haera—

> Nid eu profiadau, nid eu syniadau, nid eu hargyhoeddiadau sy'n rhoi
> gwerth llenyddol i'r un o'r rhain. Mae digon o lyfrau â dyfnach prof-
> iadau a gwreiddiolach syniadau a dewrach argyhoeddiadau heb ddim byd
> tebyg i'r un gwerth llenyddol. Mae eu gwerth llenyddol, eu prydferth-
> wch, yn dibynnu ar y cyfuno cywrain, celfydd ar y rhannau sy'n cyfleu'r
> profiadau a'r syniadau a'r argyhoeddiadau.[4]

Eto, yn ei lyfr ar Ddaniel Owen mae'n gweld bai ar y nofelydd
hwnnw am 'adael i'w argyhoeddiadau gulhau ei gefndir a chwtogi
amrywiaeth ei gymeriadau',[5] sy'n awgrymu *fod* syniadau yn
chwarae rhan bwysig mewn llenyddiaeth wedi'r cwbl, oherwydd

---

[1] Tair drama fer a gomisiynwyd ar gyfer Eisteddfod Genedlaethol Bangor
1971.
[2] 'Beth yw Llenyddiaeth?', *Ysgrifau Beirniadol* VI, Dinbych, 1971, t. 291.
[3] 'Ysgrifennu Creadigol mewn Prifysgol', *Ysgrifennu Creadigol* (gol. Geraint
Bowen), Llandysul, 1972, t. 168.
[4] Ibid., t. 175.
[5] *Daniel Owen: Astudiaeth*, Dinbych, 1970, t. 26.

nid yw Calfiniaeth, yn ôl John Gwilym Jones, yn 'gredo a all wneud nofelydd heb i'r nofelydd hwnnw fodloni i ystwytho ei gredo i fod yn fwy o ddyneiddiwr nag y rhoddir hawl iddo ganddi.'[6] Felly, er nad oes raid i awdur fod yn wreiddiol ei syniadaeth, mae a wnelo'r hyn a ddywed yn ddiamwys iawn â'i fawredd fel llenor. A daw'n amlwg ar unwaith nad oes raid inni bob amser gymryd John Gwilym Jones ar ei air pan yw'n pwysleisio crefft ar draul cynnwys. Mae'i anghysondebau ymddangosiadol mewn gwirionedd yn adlewyrchu'r cymhlethdod sydd yn ymhlyg yn yr hen dyndra rhwng cynnwys a mynegiant. 'Does neb ymhellach nag ef oddi wrth y ddysgeidiaeth 'Celfyddyd er mwyn Celfyddyd'. Iddo ef fel dyneiddiwr mae llenyddiaeth a bywyd yn goferu i'w gilydd:

> Mae llenyddiaeth yn ddi-os yn dweud rhywbeth am gyflwr dyn yn y byd, yn ei ddweud gyda goddefgarwch a chydymdeimlad mewn geiriau sy'n mynnu ymateb teimladol, a hynny heb foesoli nac athronyddu na dadlau yn ei gylch—dim ond ei dderbyn, yng ngeiriau Keats, 'without irritable searching after fact and reason'.[7]

Dyma awgrymu ar unwaith y dylai'r llenor gymryd safbwynt diymrwymiad at fywyd, ac mae'n ymddangos fod John Gwilym Jones yn mynnu mai hwn yw'r unig safbwynt a all roi bod i lenyddiaeth fawr. Gall ei ddiffyg ymrwymiad ei arwain i ddibrisio pwysigrwydd syniadaeth llenor, ond ni ddylai hynny'n dallu rhag gweld ei fod yntau â'i ragdybiau pendant ynglŷn â'r hyn y dylai llenyddiaeth ei ddweud wrthym.

Mae'n ymddangos, felly, ei fod yn ddogmatig o annogmatig, neu'n bropagandydd yn erbyn propaganda. Ei hoff fardd yw R. Williams Parry, a'r union nodwedd ar ei waith ef y mae'n ei gogoneddu yw ei ddeuoliaeth, cymhlethdod ei ymagweddu,—yn wir, ei anallu i fynegi barn bendant ynglŷn â dim:

6 Ibid., t. 27.
7 'Beth yw Llenyddiaeth?', t. 292.

. . . mae ganddo'r ddawn wyrthiol i grynhoi profiad yn ei gyfanrwydd anhyblyg, anhydrin yn undod o wrthgyferbyniadau fel bod coegni a chydymdeimlad, tristwch a llawenydd, anobaith a gobaith, ac yn ei eiriau ef 'syndod a gresyndod', yn cydfyw yn yr un gerdd.[8]

Mae'n bosibl yr âi John Gwilym Jones mor bell â haeru mai *un* gwirionedd sylfaenol, hollgynhwysol sydd yna am ddyn—sef ei fod yn greadur cymhleth o dda a drwg, o sicrwydd ac ansicrwydd, o gariad a chasineb, o euogrwydd ac edifeirwch, ac mai gor-symleiddio'i natur y mae unrhyw ddehongliad systemaidd, mai ystumio'r gwir y mae dogma. Cyfyd yr ystumiad oddi wrth y ffaith fod dogma'n cael ei haearneiddio gan y rheswm, ond cred John Gwilym Jones yw mai'r teimlad sy'n hollbwysig. Fe ddywed hynny wrth sôn am y syniad sy'n sylfaen i'w holl ddramâu:

> Mae pob un o'm dramâu yn cychwyn o syniad . . . mai'r unig beth sylfaenol berthnasol mewn bywyd yw cyfathrach bersonol deimladol rhwng dyn a dyn. Pa mor eiddgar bynnag y delir argyhoeddiadau gwleidyddol neu grefyddol . . . os mai dibynnu ar resymeg neu feddwl neu ymennydd a wnân nhw, geill amgylchiadau orfodi eu newid . . . Ond am gariad a chas, maen' nhw'n dragywydd.[9]

Iddo ef, felly, dull o adnabod yw llenydda, nid arf i newid pethau. Mae fel petai'n cydnabod bod peth wmbreth o angen newid a datblygu a gwella ar bethau yn y byd, ond ar yr un pryd yn rhyw lun o ymhyfrydu yn yr amherffeithrwydd nad oes wella byth arno gan mai yn y tyndra hwn y gwêl ef ddeunydd crai'r llenor:

> Unig wir effaith nofel felly—llenyddiaeth yn gyfan gwbl, yn wir—yw, trwy wyntyllio amcanion cymeriadau yn gweithredu, ei bod yn rhoi inni ddyfnach a phraffach adnabyddiaeth o fywyd. Hyn sy'n rhoi gwefr. Gall y wefr ein symbylu i geisio gwella pethau ond gwir lawenydd byw yw medru ymbleseru i geisio gwella er inni wybod mai ofer hollol yw hynny.[10]

[8] Rhagymadrodd i R. Williams Parry, *Yr Haf a Cherddi Eraill*, Y Bala, 1956 (argraffiad newydd), t. ix.
[9] 'Holi: John Gwilym Jones', *Mabon*, Cyf. 1, Rhif 3, Haf 1970, t. 13.
[10] 'Y Byw Sy'n Cysgu', *Kate Roberts: Cyfrol Deyrnged* (gol. Bobi Jones), Dinbych, 1969, t. 112.

Soniodd y Dr. Bobi Jones am 'ormes y penagored' a 'dogma'r celwydd nad oes gwirionedd',[11] ond nid gormes mo'r penagored i John Gwilym Jones. Cymer ef y safbwynt, am wn i, fod celfyddydd yn weithgarwch sylfaenol groes i wyddoniaeth, athroniaeth, diwinyddiaeth neu hanes, er iddi fanteisio ar lawer o gynnyrch y disgyblaethau hynny. Chwilia llenyddiaeth am fath gwahanol o wirionedd i'r un y myn y rhain ei ddarganfod—er nad oes raid i'w gwirionedd hithau ddileu unrhyw un o'u gwirioneddau hwythau na *vice versa*. Chwilio'r anchwiliadwy a wna llenyddiaeth; ymwneud â'r dirgelwch annatrysadwy sydd yng ngwreiddyn bod. Y paradocs yw fod y llenor yn ceisio cael rhyw sythwelediad i'r dirgelwch hwnnw ond yn gobeithio ar boen ei fywyd na ddatddirgelir mohono. Nid gormes mo'r penagored, felly, ond agoriad i fynd i mewn i ddirgeledigaethau amryliw byw a bod. Onid yr un safbwynt yn union yw hwn ag eiddo Northrop Frye?—

> . . . all the arts are dumb. In painting, sculpture, or music it is easy enough to see that the art shows forth, but cannot *say* anything. And, whatever it sounds like to call the poet inarticulate or speechless, there is a most important sense in which poems are as silent as statues. Poetry is a *disinterested* use of words . . .[12]

Er cymaint o feirniad yw John Gwilym Jones, mae'n fwy fyth o lenor, a hynny am fod beirniadu a llenydda'n ddau weithgarwch sylfaenol groes i'w gilydd. I orsymleiddio am funud—y pen sy'n beirniadu a'r galon sy'n creu. Os yw John Gwilym Jones yn anghyson yn ei feirniadaeth lenyddol, mae hynny'n tarddu o'i awydd i ddweud popeth ar yr un pryd, ond iaith llenyddiaeth yw paradocs, a llenor o feirniad yw yntau. Yn ei ddramâu mae'n gwbl rydd i ddweud cynifer ag a fyn o wirioneddau ar yr un gwynt. A'r gwirionedd hollgynhwysol yw mai 'rhyfedd y'n gwnaed'. Gallai hwn fod yn deitl ar ei holl gynnyrch llenyddol mae'n debyg, oherwydd mae'i holl ddramâu'n ymwneud mewn rhyw ffordd neu'i gilydd â'r creadur rhyfedd sy'n ei alw'i hun

---

[11] *Barn*, Rhif 104, Mehefin 1971, t. 234.
[12] *Anatomy of Criticism*, New York, 1970, t. 4.

yn ddyn, ac â'r plygion o annidwylledd sy'n ei natur, a'r elfennau annisgwyl yn ei ymddygiad. Ac er bod yna, o bosib, rywfaint o resynu at oriogrwydd y creadur hwn mae yna lawer iawn mwy o lawenychu. Nid pesimist mo John Gwilym Jones er gwaethaf aml osodiad pesimistaidd o enau rhai o'i gymeriadau. A chan nad yw'n foesolwr nac yn athronydd nac yn ddadleuwr gall ryfeddu'n oddefgar a chydymdeimladol 'without irritable searching after fact and reason'.

Eto, efallai fod yr awgrym o safbwynt penderfyniaethol yn y teitl fymryn yn annisgwyl, oherwydd y peth tebygol i rywun dyn-eiddiol ei ogwydd fuasai rhoi'r argraff fod dyn â'i ddwylo'n dynn am yr awenau er i'r siwrnai fod yn gloncog ddigon. Nid dyna safbwynt John Gwilym Jones. Y rhyfeddod iddo ef yw nad ydym eto wedi dysgu trin yr awenau, a'i obaith mae'n debyg yw na ddown ni byth i allu gwneud hynny'n iawn rhag colli'r myrdd posibiliadau sy'n deillio o ddirgelwch hanfodol ein bod. Yn *Un Briodas* (y drydedd o ddramâu *Rhyfedd y'n Gwnaed*) ceir golygfa (mewn atgof) rhwng Dic a Meg ar eu cyfarfyddiad cyntaf yn ymyl Llyn Dywarchen:

Dic:    Beth am fynd drosodd i eistedd ar lan y llyn?
Meg:    I be'?
Dic:    I ddim rheswm yn y byd ond ei fod o'n deud na chawn ni ddim. Cosbir trespaswyr!
Meg:    'Dydi hynna ddim yn beth gwirion i'w wneud?
Dic:    Ydi, mae o. Ond fel'na mae dyn yn cael ei neud.
Meg:    Nid gneud ei hun y mae dyn?
Dic:    Dim math o berig'. Etifedd ewyllys ddiarwybod ei gyntefig-rwydd ydi dyn.

Yn y pen draw creadur greddfol yw dyn, sy'n ymddwyn yn aml yn groes hyd yn oed i'w argyhoeddiadau'i hun, a threiddio at yr haen reddfol, 'gyntefig' hon a wna John Gwilym Jones yn ei ddramâu er mor soffistigedig-ddiwylliedig yw'r cymeriadau'n allanol. Ac mae yntau fel petai'n diolch i'r nefoedd mai 'rhyfedd y'n gwnaed', na ddaw byth eglurhad terfynol ar ein natur onglog, ac na all dyn chwaith mo'i 'wneud ei hun'. Hon yw'r fendith eithaf, oherwydd creadur hollol anniddorol fuasai wedi llyfn-hau'r holl grychiadau ynddo. Mae John Gwilym Jones, felly, yn dianc rhag y safbwynt dyneiddiol, cynyddgar sy'n maentumio bod modd i ddyn newid a gwella pethau trwy'i ymdrech ei hun, ac ar yr un pryd yn gwrthod y safbwynt uniongred Gristnogol sy'n gosod dyn mewn fframwaith diwinyddol pendant ac sydd hefyd yn ymwneud â'r ffordd i'w wella—ond y tro hwn trwy ras, neu pa derm diwinyddol bynnag y mynnir ei ddefnyddio. Ceisio adnabod yr hyn na ellir byth mo'i wybod a wna ef, rhyfeddu at yr hyn sy'n bod heb ysfa'r athronydd i'w egluro na chenhadaeth y diwygiwr i'w wella.

Ymddengys y tair drama fer *Rhyfedd y'n Gwnaed* yn syml iawn ar yr olwg gyntaf, ond mae'r symlrwydd hwnnw'n dwyll-odrus. Yr hyn a ddysgodd John Gwilym Jones wrth aeddfedu fel dramodydd oedd nad oes raid i bwnc drama gael ei drafod a'i wyntyllu'n uniongyrchol gan y cymeriadau yng nghwrs y ddrama'i hun. Yn ei waith cynnar ceir ar y mwyaf, efallai, o drafod yr egwyddorion y mae a wnelo'r dramâu â hwy, yn hytrach na gadael i'r themâu gael eu hallanoli yn y digwyddiadau neu'r argyfwng emosiynol neu beth bynnag fo, a'u cyflwyno'n anunion-gyrchol neu'n symbolaidd. Erbyn *Rhyfedd y'n Gwnaed* mae'r sgwrsio wedi'i naddu'n drwyadl fel na chawn bellach ddim hunan-ddadansoddi hirwyntog, dim ond taflu pêl yn sydyn o un i'r llall, mewn brawddegau cynnil, unsillafog bron, sy'n siŵr o fod yn siom i unrhyw un sy'n chwilio am 'wirioneddau mawr'. Ond gweithredu ar ei egwyddor ei hun y mae John Gwilym Jones, sef bod gosodiad anuniongyrchol yn llawer mwy llafar mewn drama na'r un uniongyrchol. Ei ffordd ef o ddweud hynny yw mai tros-iad yw cyfrwng y llenor. Mae ei waith, meddai,—

> . . . yn ei gyflawnrwydd yn drosiad o ymateb dyn i'r profiad o fyw yn y byd. Y mae pob telyneg, pob darn o farddoniaeth hir, pob nofel, pob drama, pob cyfrwng llenyddol i fod yn llun yn ei gyflawnrwydd.[13]

13 'Beth yw Llenyddiaeth?', t. 291.

Ffurf ar swildod yw llenydda: yn lle noethlymuno'i galon o flaen eraill mae llenor yn ymguddio y tu ôl i bob math o gymeriadau ymddangosiadol wahanol iddo fo'i hun; yn lle trafod ei brofiad o fyw mae'n taflu llwch i lygaid pobl—llwch y cymeriadau y mae'n eu creu, ac mae'r rheini'n bodoli drosto, ac yn hytrach na *dweud* ei brofiad, maen nhw'n ei gyfleu'n anuniongyrchol. Dyna sut y mae'n ymgyrraedd at wrthrychedd o fath. Mae'r beirniad wedyn yn ceisio darganfod trosiad am beth yw'r gwaith sy dan sylw, a thros dro mae'n ein harwain ar gyfeiliorn oddi wrth y cyfanwaith artistig at ei rannau ar wahân, gan godi'r pwt yma a'i ddadansoddi, neu geisio gogrwn 'ystyr' y gwaith i ryw un neu ddwy frawddeg a all ymddangos yn llipa ystrydebol.

Nid yw mor hawdd â hynny dweud ymwneud â beth y mae'r tair drama hyn. Petai rhywun am fod yn ffasiynol mi fuasai'n dweud mai ymdrin y mae nhw â'n hanallu i gyfathrebu â'n gilydd, ac i raddau mae hynny'n wir. Ond mae'r cymal hwnnw'n gallu bod yn gamarweiniol am ei fod yn dwyn rhyw arlliw trasig o ddynoliaeth wedi'i thynghedu i lefaru'n ddiystyr ac anghyfathrebol hyd dragwyddoldeb. Nid yr ystyr yna sydd i'r peth yng ngwaith John Gwilym Jones. Gwêl ef ein hanallu i gyfathrebu â'n gilydd fel peth trist, ond hefyd fel peth bendithiol ar lawer cyfri. Dyna sy'n ein taro ni ynglŷn â chynifer o'i 'argyhoeddiadau' ef —fod y gosodiad gwrthgyferbyniol yr un mor wir â'r un gwreiddiol. Mae dyn wedi'i ddal mewn rhyw gyflwr rhyfedd ac amhosib, ond yn lle strancio i geisio'i ryddhau mae John Gwilym Jones yn dod i delerau â'r cyflwr ac yn sylweddoli mai'i dderbyn yn ei grynswth yw'r peth callaf wedi'r cwbl, ymhyfrydu yn y ffaith mai rhyfedd ac ofnadwy y'n gwnaed, gan bwysleisio'r rhyfeddod yn fwy na'r ofnadwyaeth. Felly, bron na ellid dweud ei fod yn gallu gweld mor bell y tu hwnt i'n diffyg cyfathrebu nes ei weld yn gyfystyr â chyfathrebu. Hynny yw, mae peidio â'n noethi'n hunain yn llwyr i bawb arall yn rhan anorfod o'n cyflwr ni, ac o 'gyfathrebu'. A'i osod o'n amrwd—rydym yn rhyw lun o 'ddallt ein gilydd' er inni ragrithio a thwyllo a chuddio y tu ôl i eiriau sy'n ein cysgodi ni rhag pobl eraill. Y tebyg yw y buasai byd o siarad plaen, lle buasai pob gair yn golygu'n union yr un peth i bawb, a phawb yn gallu gweld tu mewn ei gilydd yn beth hollol annioddefol. Dim ond trwy 'ragrithio' (yn ystyr eang y gair) y gall pobl gyd-fyw mewn cymdeithas.

Trafod y peth (ymysg pethau eraill) ar dair lefel a wna'r tair drama dan sylw: lefel 'gymdeithasol' yn *Tri Chyfaill*, lefel 'cariadon' yn *Dwy Ystafell*, a'r lefel fwyaf personol oll yn *Un Briodas*. Mae fel petai'n ffocws ni'n newid ac yn miniogi wrth symud yn raddol oddi wrth y tri at yr un. Ni ddatguddir y peth mor bersonol argyfyngus yn y ddrama gyntaf. Yn wir, mae'r awdur fel petai'n osgoi mynd at y pwnc ei hun ac yn fwriadol yn tynnu'n sylw ni at bethau arwynebol amhwysig—mae hi'n bnawn gwlyb a Dan, Twm ac Em—yn niffyg golff—wedi hen ddiflasu ar gwmni'i gilydd yn y gwesty moethus; mae Twm yn mynd i nôl papur newydd, Dan yn gwneud croesair, y tri'n cael wisgi dwbl, ac Em yn fflyrtio efo'r ferch sy'n derbyn galwadau ffôn. (Ar raddfa lai mae gennym yma sefyllfa sy'n debyg ar yr wyneb i un John Osborne yn *Hotel In Amsterdam*.) Gellir mwynhau'r ddrama ar y lefel fwyaf arwynebol—fel sgwrsio rhwng tri sy'n mynd ar nerfau'i gilydd. Mae yma ddigon o hiwmor a dychan clyfar i ddiddanu rhywun heb orfod ymlafnio i chwilio am arwyddocâd dyfnach. Dyma, er enghraifft, ddisgrifiad Dan o Ddosbarth Allanol Em:

> Dyna ti'r côr cŵn mwya' seicolegol philharmonaidd a glyw'ist ti 'rioed. Rhes flaen o eist soprano a'u tafodau'n glafoerio o wir awch am addysg . . . neu Em ei hun . . . mae'n anodd deud, fel arfer . . . Rheini yn cyfarth (GWATWAR CŴN) 'Jung! Jung! Jung!' A thu ôl iddyn nhw, teriars bach o wrthwynebwyr ffyrnig . . . contraltos a thenors . . . cŵn peniog, rhain, yn medru cyfarth yn ddwy sillafog. (GWATWAR) 'Adler! Adler! Adler! Adler!' A thu ôl i rheini wedyn yr hen gŵn defaid ffyddlon—gwarcheidwaid Addysg y Gweithwyr, yn corlannu a didoli ar chwibaniad Em, ac yn medru olrhain eu tras yn ôl yr holl ffordd i Bob Mari Lewis; rheini yn udo yn eu bâs crafog. (GWATWAR) 'Freud! Freud! Freud! Freud!'

Ond dan yr hiwmor a'r dychan mae yna sefyllfa sy'n drist o eironig: Dan, yr hen lanc ('Be' ŵyr hen lanc am . . .?' meddai

Twm) yn caru efo gwraig Twm heb yn wybod iddo, a Twm yntau yn dad i blentyn Em (sy'n dweud am Twm: ''rwyt ti fel mae'n digwydd wedi gwario rhan o dy bedair mil yn rhywiol ddoeth'). Mae Em yn amau beth yw perthynas Dan a Ceinwen (gwraig Twm), ac mae Twm yn ymddiried ei gyfrinach yntau i Dan. Fel mae'n digwydd mae Dan yn genedlaetholwr, ac yn 'Gymro da', ond gallasai'r un mor hawdd fod o liw gwleidyddol arall, oherwydd nid ymwneud ag egwyddorion y mae'r ddrama, ond ag ymateb 'greddfol' pobl i'w gilydd. (Yn wir, mae 'na awgrym gan Twm fod cenedlaetholwyr yr un mor anghyson â phawb arall: 'Wel'is i 'rioed ddim byd mor anghyson â chi'r hogia Plaid Cymru 'ma . . .', a 'Fel 'na maen nhw,' meddai am aelodau Cymdeithas yr Iaith, 'siarad Saesneg'.) Cael ei hudo i gyfathrachu'n rhywiol efo Ceinwen y mae Dan, a 'does a wnelo'i genedlaetholdeb ddim â hynny. Ar un olwg 'does a wnelo'i ewyllys ddim â'r peth chwaith. Peth greddfol ydyw na all mo'i reoli. Yn union fel yr oedd cyfathrach Twm â gwraig Em yn rhywbeth yr oedd gan Twm gywilydd ohono yn y bôn. Yn wir yr eironi mawr yw fod profiadau Twm a Dan mor ofnadwy o debyg:

TWM: Fydd gen ti gywilydd ohonat dy hun ar brydia'?
DAN: Cywilydd?
TWM: Ia, gneud petha, sy'n ffiaidd . . . frwnt . . .
DAN: (YN ARAF) Bydd, mi fydd.
TWM: Ac eto fedri di ddim peidio, yn na fedri?
DAN: Na fedri . . fedri di ddim . . .
TWM: Dal a dal i'w gwneud nhw . . .
DAN: Ia.
TWM: Cael dy hun yn eu crafanga' nhw. Ar ôl pob un deud wrthat dy hun, 'Byth eto . . . byth, byth eto,' ond pan ddaw'r cyfle gneud yr un peth yn union.
DAN: Ia.
TWM: Ac nid aros am y cyfle, chwaith . . . o naci, gneud cyfle . . . mynd i bob math o drafferth a thwyll i wneud cyfle . . . Wedi dy gael dy hun felly?
DAN: (SAIB HIR) Do.

Buasai'n werth gweld neu ddarllen y ddrama hon dim ond er mwyn sylwi mor helaeth y defnyddir eironi dramatig ynddi. Mae

77

rhywbeth yn cael ei ddweud ynddi drosodd a throsodd sydd ag arwyddocâd hollol wahanol i'r gynulleidfa i'r hyn a fwriada'r llefarwr, am fod y gynulleidfa yn gallu gweld y cyfan o safbwynt y tri chymeriad, tra bo pob un o'r cymeriadau wedi'i gyfyngu gan ei ddiffyg gwybodaeth ei hun.

Felly, darlunio twyll y mae hi: Dan yn twyllo Twm a Twm yn twyllo Em. A'r peth rhyfedd yw fod yr un a dwyllir bob tro'n closio mwy at y twyllwr gan ymddiried yn ei gyfeillgarwch (fel y gwna Twm pan yw'n cyffesu wrth Dan) neu'n tosturio tuag ato (fel y gwna Em at 'ddiniweidrwydd' Twm). Ond yn lle rhoi llinyn mesur moesolwr ar 'bechodau' y cymeriadau mae'r awdur yn eu derbyn yn faddeugar. Nid dynion 'drwg' yw Dan na Twm. Y nhw yw'r cyntaf i gyffesu eu bod yn cywilyddio oherwydd eu hymddygiad:

EM:     'Does gen ti ddim cywilydd?
DAN:    (SYML, DDIDWYLL): Oes.
EM:     (SAIB): Wel mae hynny'n rhywbeth . . .

Ydyw, mae'n rhywbeth, ond a yw'n ddigon? Mae'n ymddangos ei fod i John Gwilym Jones, gan ei fod ef yn barod i dderbyn amherffeithrwydd y byd 'ma gyda hawddgarwch goddefgar. O leiaf mae'i 'bechaduriaid' ef yn ddigon tyner i deimlo cywilydd. Iddo ef, os yw dyn yn teimlo, mae o wedi hanner ei achub—er nad oes raid i'r teimlad o gywilydd arwain rhywun i ddiwygio'i fuchedd o angenrheidrwydd. Bod yn ddigon meddal i deimlo sy'n bwysig.

Yn y cyd-destun hwn mae'r gair twyll yn ymddangos yn llawer iawn rhy gryf rywsut (yn union fel y mae rhagrith yn swnio'n rhy gryf fel disgrifiad o'r elfen anorfod honno a wêl John Gwilym Jones fel prif thema *Rhys Lewis*). Oherwydd derbyn 'twyll' fel rhan anochel o fywyd, yn hytrach na'i esgymuno, a wneir yn y ddrama hon. Nid yw hynny'n gyfystyr â dweud bod tywyll yn dda. Y cyfan a awgrymir yw ei fod yn angenrheidiol mewn rhai amgylchiadau, neu os mynner yn llai drwg na gonestrwydd pur. Rhyw ffurf ar gelwydd gwyn yw'r twyll hwn.

EM: Ond rhwng ffrindia', mae'n rhaid cau ceg, yn rhaid?
DAN: Rhaid, Em bach . . . Rhwng ffrindia' mae'n rhaid cau ceg . . .

A dyna ddod â ni at eironi'r teitl ei hun. Y peth sy'n taro rhywun am y tri 'chyfaill' hyn yw mor anghyfeillgar ydyn nhw at ei gilydd:

TWM: Sut gebyst 'rydach chi'ch dau'n eich galw eich hunain yn ffrindia' ac fel dau geiliog drwy'r adeg?

Ond tybed—ar ôl inni gyfieithu'r teitl yn 'Tri Gelyn'—na ddylem ei gyfieithu'n ôl unwaith eto? Achos 'rhwng ffrindia', mae'n rhaid cau ceg': mae 'na elfen o dwyll yn rhan o gyfeillgarwch hefyd. Mae'r gwir plaen, pur yn rhy llym inni allu byw efo fo. Onid yr hyn a ddywedir, felly, yw nid yn unig fod cyfathrebu gonest yn amhosib rhwng pobl a'i gilydd, ond nad yw chwaith yn beth i'w ddymuno? Gwneud rhinwedd o wendid yw hyn mewn ffordd. Ac nid dyma'r tro cyntaf i John Gwilym Jones wneud hynny. Ymdrinnir â'r thema yn *Gŵr Llonydd* ac yn *Pry Ffenast*. ' . . . am bum mlynedd, 'r ydw i wedi byw celwydd, ac 'r ydw i'n sicr fy mod i'n gwneud y peth iawn', meddai Mrs. Lewis yn *Gŵr Llonydd*,[14] a'r un yw agwedd Madge yn *Pry Ffenast*: 'Fe ddylai fod gan ŵr a gwraig ormod o barch i'w gilydd i ddeud popeth wrth ei gilydd.'[15]

Y peth sy'n od—ac eto prin ei fod yn od o gwbl chwaith—yw fod awdur sy'n cydnabod anocheledd rhagrith yn defnyddio'i ddramâu i'w ddinoethi, ond mae'n debyg nad yw hynny ddim odiach na bod Daniel Owen—yr un sy'n gwneud ei orau i'n hargyhoeddi fod Rhys Lewis yn dweud 'y gwir, yr holl wir, a dim ond y gwir'—hefyd (yn ôl John Gwilym Jones o leiaf) yn argyhoeddedig na all pobl ddweud y gwir wrth eraill, neu fod yn 'nhw'u hunain' mewn cymdeithas. Mae Lis yn *Dwy Ystafell* yn dweud fod 'noethni'n ffiaidd . . . ffiaidd . . . yn hunan-ddatganiad aflan', ac am wn i nad oes rhan o'r awdur yn llefaru yn y

14 *Dwy Ddrama*, Dinbych, d.d., t. 104.
15 *Pedair Drama*, Dinbych, 1971, t. 37.

fan yna, ond mae'r ddrama'i hun yn mynd ati i noethi—mewn ffordd lawer iawn mwy personol ac ingol nag y gallai traethawd byth wneud—cymhlethdodau'r 'teipiau seicolegol'. Paradocs arall y llenor sy'n mynnu agor cil y ddôr tuag Aber Henfelen er dymuno nad agorir moni byth yw hyn'na.

Agor y ddôr ar dwyll rhwng cyfeillion a wnaed yn y ddrama gyntaf. Yn yr ail ddrama ymdrin a wneir â hunan-dwyll, ac er nad yw'r awdur yn 'cyfiawnhau' hunan-dwyll (a bwrw bod ystyr i'r gosodiad), synnwn i ddim nad yw'n ei weld fel elfen anosgoadwy yn ein personoliaeth. Wrth gwrs mae Dic a Lis yn llwyddo i dwyllo'u cyfeillion hefyd—Dic yn rhoi'r argraff i Huw ei fod yn 'geiliog ar ei doman yn llygadu'r gywen bach obeithiol nesa' y medar o'i sathru', a Lis yn codi ofn ar Nel druan wrth ymhyfrydu yn ei hyder newydd a'i gobaith dihidio fod 'y sôn sy' amdano fo' (sef Dic) yn wir. Mae Dic yn meddwi'n chwil ulw gaib, ond nid hyd y noson hon yn stafell Lis y mae'n cyfaddef wrtho'i hun mai ffordd o anghofio yw hynny:

LIS:    Anghofio be'?
DIC:    Peth wmbreth o betha'. A gneud ichi feddwl eich bod chi'n gythral o foi.
LIS:    O.
DIC:    A gneud i bawb arall feddwl hynny hefyd . . .

A phan yw'n disgrifio'i fficidd-dod o Huw wrth Lis fe ddown i sylweddoli'n raddol mai sôn amdano'i hun y mae:

DIC:    . . . Mae 'na ran ohono fo sy'n fy nghynddeiriogi i . . . yn fy ngwneud i'n gryndod o gywilydd . . . yn fy ffieiddio i . . . gweld rhan ohono fo'n union fel y mae o, yn hen ewach bach llipa . . . yn gorgi larts, llwfr . . .
LIS:    (AR EI DRAWS, YN OER, ARAF, FWRIADOL): Yn twyllo pawb . . .
DIC:    (DIM OND AIL-ADRODD): Yn twyllo pawb . . .

Yna gofyn Lis iddo wisgo amdano, ei fod wedi bod yn noethlymun yn hen ddigon hir. Mae'r ddau bellach yn sylweddoli eu bod nid yn unig wedi twyllo Huw a Nel ond hwy eu hunain hefyd. Tipyn o siom yw'r te cymedrol efo'i un llwyaid o siwgr a'i joch dda o lefrith a ninnau wedi disgwyl golygfa o drais gyda'r dreisiedig yn gyfranogwr ewyllysgar.

Ymwneud â'r gwahaniaeth rhwng yr hyn ydym a'r hyn a dybiwn ydym neu'r hyn y dymunwn i eraill dybio ydym y mae'r ddrama, ond mae unrhyw ymdriniaeth â hynny yn rhwym o ymwneud hefyd â phroblem cyfathrebu, oherwydd elfen yn ein ffordd ni o gyfathrebu yw'r argraff y mynnwn ei gwneud ar eraill. Problem Dic yw ei fod yn union fel Huw yn y bôn—nad yw'n ddim ond 'tarw mawr diniwed'. Mae'n gorfod gwisgo masg y tarw am fod cyfathrach agos â merch yn ei 'ddychryn trwy'i dîn'. Methu â bod yn hwy'u hunain y mae Dic a Lis am fod cymdeithas yn peri iddynt ymddwyn mewn dull gorchestol a edmygir gan eu cymdeithion, ond maent yn ymddwyn yn y dull gorchestol hwnnw am eu bod yn methu â bod yn hwy'u hunain. Wrth gwrs, pan yw'r ddau ar eu pennau'u hunain yn ystafell Lis maent yn dechrau diosg eu masgiau, ac mae dealltwriaeth o fath yn bosib rhyngddynt, ond wedi i Dic fynd, mae Lis yn cael ei chnoi gan amheuaeth:

O dan y cwbl mae 'na rywbeth sy'n dy gnoi di . . . rhyw hunlle' o amheuaeth . . . 'Mi ddowch eto', meddwn i . . . 'Wrth gwrs', medda fo . . . 'Nos yfory', medda fo . . . 'Nos yfory', meddwn inna . . . Ond heno mi fydda' i yn gorwedd ar fy nghefn yn y gwely 'na . . . â'm dau lygad yn llydan agored . . . yn deud wrtha fi fy hun, 'Tybed . . . tybed . . . tybed . . .'

Mynd yn ôl i'w ystafell ei hun at ei luniau o ferched noeth a wna Dic: go brin ei fod yntau wedi newid yn sylfaenol er yr holl 'gyffesu', ac mae 'na awgrym fod Lis yn cael rhyddhad wrth yfed ei the—'cwpanaid bach hollol normal efo dau lwmp o siwgr a joch fach o lefrith'.

Yn y pen draw, derbyn dyn efo'i fasg a wna John Gwilym Jones, ac er ei fod yn ymhyfrydu mewn noethlymuno pobl ar lwyfan, yr argraff a geir yw ei fod yn fwy cyfforddus pan ydynt wedi gwisgo amdanynt eilwaith. Mewn ffordd mae 'bod yn fo'i hun' yn golygu gwisgo masg. Mae bod â rhywbeth i'w guddio'n fwy normal na bod yn hollol onest ac agored:

81

DIC: 'Does gen ti ddim rhywbeth i'w guddio?
HUW: Dim byd o bwys.
DIC: (TROI I EDRYCH ARNO): Hynny'n od hefyd . . . llawn mor od.

Ac er bod Lis yn sôn am 'ymfoethuso yn y gwir', buan iawn y mae hi'n cyfnewid y gair 'ymfoethuso' am 'ymdrybaeddu'. Weithiau gall geiriau fod yn darian rhyngom a phoen y gwirionedd. Mae siarad yn 'gêm dda i osgoi anghysur', ac yn 'dy rwystro di feddwl'.

Efallai bod Dic yn berthynas pell i Albert yn nrama Pinter, *A Night Out*—drama a gyfieithiwyd gan John Gwilym Jones ac a gynhyrchwyd ganddo ym Mangor, ond y mae'r gwahaniaeth rhyngddynt yn fwy trawiadol na'r tebygrwydd. Mae yn *Rhyfedd y'n Gwnaed* gryn dipyn mwy o hiwmor nag sydd yn nrama Pinter. Dyna un o'r elfennau y tueddir i'w hesgeuluso wrth gyffredinoli ynglŷn â dramâu John Gwilym Jones: mae thema'r cyfanwaith mor ddwys nes peri i rywun anghofio'r ffordd ddoniol y cyflwynir hi— yn arbennig yn y dramâu diweddar. Ond brysiaf i ychwanegu nad doniolwch sy'n gwneud i rywun dorri'i fol wrth chwerthin sydd yma chwaith, ond chwerthin sydd â llawer ohono'n fewnol, gan beri inni ddal ein gwynt wrth sylweddoli fod 'chwerthin weithia yn gyfystyr â chrïo' (*Tri Chyfaill*). Yng ngeiriau Lis: 'Pan wyt ti'n wironeddol o ddifri, mae cymysgfa o ysgafnder a chabledd yn anorfod.'

Bydd rhai'n dadlau weithiau fod yna rai pynciau sy'n rhy arteithiol bersonol i gael eu trafod ar goedd gwlad mewn drama neu ffilm neu nofel. Mewn erthygl gref yn erbyn pornograffiaeth (erthygl yr wyf yn cytuno â llawer o'i chynnwys) dywed George Steiner:

Sexual relations are, or should be, one of the citadels of privacy, the nightplace where we must be allowed to gather the splintered, harried elements of our consciousness to some kind of inviolate order and response . . .[16]

16 *Language and Silence*, Pelican Books, 1969, t. 100.

Nid dyma'r lle i chwilio holl oblygiadau'r gosodiad hwn. Y cyfan y carwn ei ddweud yma yw'r peth sydd mor amlwg i bawb, sef fod llenyddiaeth yn goresgyn pob congl o'n bodolaeth ni, ac nad oes yna o'i safbwynt hi unrhyw ddaear sanctaidd (os nad yw *pob* daear yn sanctaidd iddi yn yr ystyr bod llenyddiaeth dda bob amser yn ymwrthod rhag sathru'n drwsgl ddifeddwl ar unrhyw brofiad). Mae euogrwydd Macbeth yr un mor breifat ag yw perthynas rywiol gŵr a gwraig. Ffwlbri fuasai dadlau y gellir trafod cariad, ond nid rhyw. Ond ni olyga hynny y gellir cyfiawnhau pob ymdriniaeth lenyddol â rhyw mwy nag y gellir cyfiawnhau pob ymdriniaeth ag euogrwydd.

Fel mae'n digwydd, mae'r tair drama *Rhyfedd y'n Gwnaed* yn ymwneud mewn rhyw ffordd neu'i gilydd â pherthynas rywiol pobl, ond mai yn seicoleg rhyw y mae diddordeb yr awdur (yn y dramâu hyn, felly), nid ym mecaneg y weithred rywiol fel y cyfryw (a dyna un llinell derfyn bosibl rhwng llenyddiaeth am ryw a phornograffiaeth). Yn *Un Briodas* y deuir agosaf at y pwnc, a dyna sy'n peri mai hi yw'r ddrama fwyaf anodd ei chynhyrchu a'i hactio o'r tair, ac mai hi oedd leiaf llwyddiannus yng nghynhyrchiad Cwmni Theatr Cymru yn Eisteddfod Genedlaethol Bangor 1971. Ac eto 'doedd dim o'i le ar dechneg yr awdur. Manteisiodd ef ar ryddid newydd y dramodydd i symud yn ôl ac ymlaen mewn amser, ac o olygfa i olygfa, heb ddibynnu ar bortread hollol realistig. Methiant i fanteisio ar bosibiliadau'r dechneg hon oedd methiant cynhyrchiad Bangor.

Drama am beth yn union yw hi? Mae Dic a Meg—sydd â phosibiliadau cariad yn eu perthynas—yn methu â'u rhoi'u hunain i'w gilydd oherwydd eu gwneuthuriad seicolegol arbennig. Ar ffiniau cyfathrebu mae cyfathrebu'n amhosib. A'r cwbl am na chyffyrddodd Dic yn ei wraig noson ei phriodas. Nid nad oedd yn rhywiol normal, ac nid chwaith am nad oedd yn llawn blys, ond am y rheswm mwyaf ymddangosiadol arwynebol—sef ei fod yn benderfynol o beidio â gwneud yr hyn y disgwylid iddo'i wneud, a hefyd am ei fod yn credu'n ddiffuant fod ei wraig wedi blino a bod arni rywfaint o ofn. Ystyfnigrwydd sydd wrth wraidd

83

y cyfan—yr ystyfnigrwydd cynhenid hwnnw a ddaeth i'r amlwg
yn Dic yn ei sgwrs gyntaf â Meg:

DIC: Wyddoch chi, pan fydd rhywun yn deud wrtha' i am neud
rhywbeth, mi fydd 'na ryw gythraul yna' i yn deud 'na'.
MEG: A phan fydd 'na rywun yn deud na chewch chi ddim, mi fydd
yr un cythraul yn deud, 'gwna'.
DIC: Yn union. Ia'n union fel'na.
MEG: Mi roth eich cyntefigrwydd chi gythraul o gythraul ichi, on'do?
DIC: (WEDI SYNNU): Be'?
MEG: 'Dydw i ddim nad ydw i'n dallt, wyddoch chi.
DIC: Mae'n amlwg.
MEG: Ac mi allwch chi'n hawdd ddallt rhywbeth a'i gael o'n hollol,
hollol ddisynnwyr.
DIC: Mae'n siŵr.
MEG: A pherig'.
DIC: Perig'?
MEG: A thrist.
DIC: Trist hefyd.
MEG: Ia, trist hefyd.

Mae'u priodas ar y creigiau am mai dwy ynys ar wahân oeddynt
—am iddynt fethu â chydymdeimlo â'i gilydd, ac am iddynt gam-
ddeall ymatebion ei gilydd. Pwysleisio'u harwahanrwydd anghyf-
athrebol y mae'r nifer helaeth o ymsonau sydd yna yn y ddrama,
ond mae'r ddeialog olaf rhyngddynt yn pwysleisio hynny'r un
mor llwyddiannus, ac yn cyfleu mor agos at ei gilydd y maent
mewn gwirionedd ond nad oes yr un ohonynt yn fodlon cyfaddef
hynny. Ar ddiwedd y ddrama, a Dic wedi gadael Meg ar ei phen
ei hun yn y tŷ, clywn hi'n dweud wrthi'i hun:

O, Dic, be' sy'n mynd i ddigwydd inni?

A Dic wedyn yn dweud yn union yr un peth wrtho'i hun:

Meg, Meg, be' sy'n mynd i ddigwydd inni?

Y tristwch yw mai wrthynt eu hunain y llefarant y geiriau hyn.
Nid yw crynhoi a chyffredinoli fel yna yn gwneud unrhyw fath
o gyfiawnder â'r ddrama. Ni all dim wneud cyfiawnder â drama
ond cynhyrchiad sy'n deilwng ohoni. Oherwydd cryfder y ddrama
hon yn anad dim arall yw ei deialog: siarad trwy ddeialog y

mae'r awdur, gadael i berthynas gymhleth Dic a Meg fynegi'r neges drosto, yn hytrach na'i fod ef yn gwneud gosodiadau cyffredinol ei hun. Mae'r sgwrs wrth ymyl Llyn Dywarchen yn atgoffa rhywun am sgwrs Gwyn a Pegi yn *Y Tad a'r Mab*: nid y pytiau brawddegau ar wahân sy'n bwysig, ond y cyfan ohonynt wedi'u gwnïo'n gyfanwaith. Ni ellir ond cytuno'n frwd â sylwadau Mr. Saunders Lewis yn ei ragair i *Y Tad a'r Mab*:

A bod neb yn gofyn beth yw cuddiad cryfder Mr. Jones, fy ateb cyntaf i fyddai: clust. Efallai mai dyna gyfrinach pob dramodydd da. Clust (yn y frawddeg hon) yw'r ddawn i lunio deialog sy'n argyhoeddi'r gynulledfa nad llunio a fu, ond clustfeinio a chofnodi. Stamp y gwir ar ddeialog.[17]

[17] *Y Tad a'r Mab*, Aberystwyth, 1963, t. 8.

# Y Dewis

## gan

## Derec Llwyd Morgan

Un o rinweddau mawr John Gwilym Jones fel athro oedd ei fod—a chymryd y darlun o'r meddwl dynol yn meddwl mewn tonnau—bob amser yn ymddangos fel pe bai un don feddyliol ar y blaen i'w fyfyrwyr. Byddai'n cyrraedd glan o'n blaen ni, ond pan ddaliem i fyny ag ef, gwyddem ei fod yntau wedi teithio ar hyd yr un llwybr â phob un ohonom, ac yn gyfarwydd â'r rhwystrau a'n hataliodd ar y ffordd. Hyn a'i gwnâi yn ŵr mor gydymdeimladol. Ei nod pennaf yn y coleg oedd ein dysgu i feirniadu ac i fwynhau llenyddiaeth. A'i ddull o wneud hynny fyddai, yn gyntaf, manylu ar y gerdd neu'r stori o dan sylw, er mwyn i ni ei hadnabod, ac yna'n ail ei dehongli gan ei chysylltu â phethau ac â phrofiadau eraill yn ein bywyd, er mwyn dangos i ni pa mor allweddol oedd llenyddiaeth i roi i bobl adnabyddiaeth o ddiwylliant Dyn yn ei ystyr ehangaf.

Er gwell neu er gwaeth, tybiwn fod Mr. Jones don dda ar y blaen i mi gyda golwg ar grefydd. Cofiaf i rai pethau llosg a ddywedodd un tro wrth drafod Williams Pantycelyn ddifa llawer o'r chwyn a oedd yn flodau ffydd yn fy meddwl; a chofiaf yn arbennig y pethau pryfoclyd 'na chymerai'r byd am eu dweud wrth bobl a âi i'r capel Sul ar ôl Sul, ac a gai gysur o hynny'. Fe'u dywedai wrthym ni gan gymryd arno ein bod oll mor agnostig ag y mae'n deg i bawb fod, ond gan wybod yn iawn fod yn ein plith ninnau hefyd eneidiau a gai eu maeth ysbrydol mewn gwasanaeth ac o bulpud. Yr oedd yn eu dweud am ei fod yn credu eu bod yn wir, ie, efallai, ond yn fwy na hynny er mwyn ein procio ni i feddwl drosom ein hunain am fyw a Duw a diddanwch yn yr Ysbryd ac ati. Bob tro, ar ôl cael dweud, diweddai'n wên i gyd drwy ddatgan ei fod ef mor ffyddlon â neb yn y capel ar fore Sul, a'i fod wrth ei fodd yn cael pregethwr ar ei aelwyd.

Yr wyf yn dweud y pethau hyn er mwyn dangos fod J. Gwilym Jones wrth ei swydd yn ŵr a oedd yn deall ei ddisgyblion ifanc yn dda dros ben, yn agos atynt, ac yn ei waith bob dydd yn dysgu iddynt drwy baradocs a gwrthgyferbyniad gymhlethdod cyfoethog bywyd. Mor fynych y dywedai, "Dydi petha ddim mor syml â hynny, wchi'.

Fe wyddys fod J. Gwilym Jones y dramodydd yntau yr un mor glau i ymateb i brofiadau cymysg ei gydymdeithion, a cheir ganddo mewn drama ar ôl drama drafod pwnc problematig yn ddifyr a golau. Profiadau berw ienctid ydynt yn aml: drwg-effeithiau rhyfel ar feddyliau'r genhedlaeth ifanc yn bygwth undod teulu yn *Lle Mynno'r Gwynt,* ymlyniad glaslanc medrus wrth fam weddw synhwyrus yn *Hynt Peredur,* y problemau priodasol ymarferol sy'n codi o ganlyniad i obsesiwn y blynyddoedd diwethaf hyn â rhyw yn *Rhyfedd y'n Gwnaed.* Mae'n gamp i awdur lunio un gwaith sy'n taro tant yn nerfau ei gynulleidfa: ond yn ddiau cyfrinach llwyddiant Mr. Jones yw ei fod wedi llwyddo i wneud hyn mor aml. Gall dyn droi'i ddramâu yn llys apêl i gywirdeb ei deimladau, gall ddyfynnu ohonynt epigraffau i benodau ei hunangofiant. Gall gŵr iau adnabod ei dad a'i fam yn rhai ohonynt, dod i'w adnabod ei hun mewn eraill, ac edrych ymlaen at y ddrama nesaf gyda sicrwydd y bydd honno eto yn agennu rhywfaint ar natur ei wead.

Ie, diddordeb yn ein dynoliaeth ni yw prif ddiddordeb J. Gwilym Jones, ond wrth dyfu i adnabod llên, ac wrth ennill hunan-adnabyddiaeth yn ei ddramâu ef, dod i'w weld ei hun yn Gymro diwylliedig (ran amlaf) y mae dyn, Cymro sydd â rhwymyn anghydffurfiaeth ei dadau, er mor dreuliedig yw, o hyd o gwmpas ei lwynau.

Er mor llwyddiannus y bu, ac y mae, John Gwilym Jones yn trin ei bobl mewn dosbarth ac mewn theatr, unwaith yn unig y ceisiodd drafod problem gymhleth gŵr ifanc o Gymro mewn nofel. Gwnaeth hynny yn *Y Dewis*, llyfr a enillodd iddo wobr yn Eisteddfod Genedlaethol 1939 ac a gyhoeddwyd ym 1942. A dweud y gwir, mae'n bosib i'r beirniad gymryd agwedd y ditectydd wrth ddarllen *Y Dewis*, a chanfod ynddi resymau paham na throdd ei hawdur ei law yr ail waith i lunio nofel. Ond dôf yn ôl at y pwnc hwn tua diwedd hyn o lith.

Os caf addasu rhywbeth a ddywedodd Mr. Jones yn *Crefft y Stori Fer* at ei nofel, gellid dweud mai problem 'hwylus' i amlygu gwirionedd 'cyffredinol' am fywyd yw problem y Cymro ifanc Caleb Gruffydd, ei phrif gymeriad. Yr wyf i yn amau a ellir gwahaniaethu rhwng stori a thema mor rhwydd. A beth bynnag, oni bai fod yna bobl yn barod i ddychmygu a llunio'r 'hwylus' yn drefnus, ni fyddai dim llenyddiaeth yn bod. Wedyn dim ond athroniaeth a hanes seicoleg fyddai'n trafod ymateb dyn i fywyd mewn geiriau. Yn nofel J. Gwilym Jones, y dewis sydd gan Galeb yw mynd un ffordd a thrwy hynny blesio'i fam neu fynd ffordd arall a'i siomi. Dyna'r 'hwylus'. Yn 'gyffredinol' dweud y mae'r awdur nad oes neb ar wyneb y ddaear yn berffaith rydd i wneud fel y myn heb ei fod yn barod i ddweud, 'I'r diawl â phawb a phopeth, ond yfî fy hun', a hyd yn oed wedyn fe all fod yna anawsterau. Ychydig iawn o bobl sy'n llwyddo i ddweud hyn, wrth gwrs. Mae Ted yn *A Barcud yn Farcud Fyth* yn methu'n druenus. Mae mam Peredur yn *Hynt Peredur* yn ofni dweud wrtho ei bod hi'n mynd i ail-briodi er bod ei darpar-ŵr hi'n ffrindiau mawr â'i mab. Ac ni allai Caleb mewn canrif o Suliau ddweud 'i ddiawl â neb': fe'i mowldiwyd gan ei fagwraeth i beidio. A dyma ddechrau gweld perthynas agos rhwng y 'cyffredinol', thema'r llyfr, a stori Caleb, yr 'hwylus'.

*Y Dewis*, yn rhyfedd iawn, yw'r unig nofel a oroesodd (os nad yr unig un a sgrifennwyd) sy'n trafod un o'r profiadau mwyaf dirdynnol a allai rwygo ysbryd Cymro ifanc rhwng cyfnod Rhys Lewis a chyfnod Dewi *Cymru Fydd*, sef y profiad o gerdded ffordd y weinidogaeth ymneilltuol heb gynhyrfiad na galwad na gweledigaeth. Er na chefais i fy ngeni tan y flwyddyn ar ôl ei chyhoeddi, rwy'n teimlo i mi fod yn gyfarwydd â rhannau o

Fabinogi Caleb Gruffydd—canys dyna yw craidd *Y Dewis*—ymhell cyn ei phrynu'n ail-law a'i darllen, yn bennaf am i minnau yn bymtheg oed, fel llawer o'm cyfoedion, ddechrau troedio'r un llwybr â Chaleb. Erbyn y pum-degau roedd y llwybr yn reit llithrig, a sglefriodd llawer ohonom oddi arno'n rhwydd. Efallai nad oedd pethau mor hawdd ugain mlynedd ynghynt.

Mae hanes y Parchedig J. T. Miles yn nofel fawr Mr. Emyr Humphreys, *Outside the House of Baal,* 1965, yn dangos yn gliriach na holl rifynnau rhwymedig *Y Tyst* a'r *Goleuad* gyda'i gilydd pa mor anodd oedd gweinidogaethu yng Nghymru'r dirywiad, dyweder rhwng 1918 a 1960. Ac i'r weinidogaeth hon yr arweiniwyd Caleb druan. Fel y mae *Outside the House of Baal* yn dangos beth allai fod o'i flaen, felly y mae *Y Dewis* yn dangos i ni pa bethau yn y gymdeithas Gymraeg anghydffurfiol mewn cyfnod arbennig yn ei hanes a yrrodd y mab hwn i'r 'barchus, arswydus swydd'. Ond ym mha fodd? Onid pwyslais ar feddyliau sydd yn nofel J. Gwilym Jones? A golwg ar gymdeithas yn nofel Emyr Humphreys? Oes, y mae cryn wahaniaeth rhwng y ddwy nofel. Mae nofel hir Mr. Humphreys yn adrodd hanes deg a thrigain o flynyddoedd mewn cwmpas o bedwar can tudalen. Darlun cywir-yn-y-dychymyg o gymdeithas gam yn symud i bwll-tro ei thrafferthion a geir ynddi, a'i hawdur yn sefyll y tu allan i'w holl ddigwyddiadau. Nofel fer yw *Y Dewis*—y gadwyn englynion ochr yn ochr â phryddest Mr. Humphreys—a'i hawdur yn rhoi'r rhan fwyaf o ddigon o'i sylw i feddyliau'r prif gymeriad, drwy lygad yr hwn y gwelwn bron bopeth o'i gwmpas.

Ym mha fodd, felly, y gall J. Gwilym Jones bortreadu rhai o nodweddion 'y gymdeithas Gymraeg anghydffurfiol'? Yn gynnil fel hyn: wrth weld Caleb (fel pob dyn) nid yn unig yn unigolyn, ond hefyd yn aelod o gymdeithas sydd yn rhannol ÿ tu mewn iddo ef ei hun.

Cymerer y bennod gyntaf un. Er mai gweld trwy lygaid Caleb, a chlywed drwy glustiau Caleb yr ydym, ynddi datgelir tri pheth cwbl arwyddocaol am y gymdeithas y mae'n byw ynddi. Yn gyntaf, dysgwn mai cymdeithas yn coleddu syniadau cyn Newton-aidd am gyd-berthynas y sêr a'r planedau ydyw: prin y gellir disgwyl i'w phlant (hyd yn oed mewn pennod arall sy'n trafod o ble y cafodd Cain wraig)—prin y gellir disgwyl i'r rhain ddod i'w hoed yn ddidrafferth ffyddlon. Mae Naomi Gruffydd yn gweld y perygl hwn yn glir. Dyna un ofn sydd ganddi mewn golwg pan sonia am y 'dylanwadau a'r syniadau a wna inni droi'n cefn ar hen gredoau'. Yr ail beth a ddysgwn am y gymdeithas yw ei bod yn credu'n sentimental mewn nefoedd ac ym mhwerau'r meirw. Dywedaf 'yn sentimental' o achos nad oes dim argoel yma ei bod yn credu'r un mor gryf mewn uffern. Crefydd wedi'i hidlo'n gysurus fân, felly, yw ei chrefydd. Crefydd y gall meibion mamau gael eu haberthu'n hapus i'w gwasanaethu. A dyna'r trydydd peth a ddysgwn am y gymdeithas—fod profiad y rheini o grefydd yn brofiad mor ansensitif fel na all Naomi Gruffydd weld dim o'i le mewn anfon ei mab yn ddi-alwad i fod yn bregethwr, a hynny yn bennaf er mwyn cyflawni uchelgais ei gŵr: ' "fe wyddost beth oedd dymuniad mwyaf angerddol dy dad . . ." '.

Nid wyf i'n dweud mai dyma unig nodweddion anghydffurf-iaeth Cymru yn nechrau'r tri-degau, nac yn wir mai dyma brif nodweddion crefydd y cyfnod. Ac a'm gwaredo rhag rhoi'r argraff mai Naomi Gruffydd oedd pob mam a fynychai Seion! Dweud wyf i mai dyma'r agweddau ar gymdeithas yr oedd yn dda i John Gwilym Jones eu disgrifio er mwyn darlunio cefndir Caleb.

Drwy feddwl y mab, fel y dywedais, y down i wybod am y nodweddion hyn. Gan hynny, nid ydynt yn cael eu cyflwyno fel syniadau ffôl na hen-ffasiwn. (Mewn gwirionedd maent yn fyw o hyd yn ein tir.) Hyd yma nid yw cyneddfau beirniadol Caleb wedi praffu digon i'w dilorni. Er hyn, mae'n finiog iawn ei feddwl wrth drafod llenyddiaeth, mor finiog yn wir onid yw'n deall i'r dim lle mae *Macbeth* Shakespeare yn cyffwrdd â'i brofiadau ef. Uchafbwynt y bennod gyntaf a drafodais yn awr yw'r man lle gorfoda Naomi Gruffydd ei mab i dyngu llw ar fedd coch ei

dad yr âi i'r weinidogaeth. Mae'r weithred yn weithred ddychryn-
llyd. Eithr dim ond mewn gwers llenyddiaeth yn yr ysgol y mae
Caleb yn 'gweld' y profiad:

> Troi wedyn a chael oerni caled Arglwyddes Macbeth, ac oddi tanodd yr
> angerdd a'r wanc sy'n gyrru'r uchelgeisiol . . . Llwfrddyn yn unig a
> heliai esgus i beidio â mynnu'i uchelgais . . . Dyna paham na feiai'i
> fam am ei hudo i'r addewid a wnaeth y noson gynt.

Ar ôl cydnabod nad twpsyn sy'n medru ymateb fel hyn i lenydd-
iaeth, eto mae rhywbeth meddal, meddyliwn, yn y crwt nad yw'n
cydnabod mai Arglwyddes Macbeth o wraig yw ei fam, ar ôl iddo
weld hynny mor synhwyrol siarp. "Dydi pethau ddim mor syml
â hynny, wchi.' Onid dweud y mae John Gwilym Jones na all
y mwyaf deallus ohonom uniaethu ein mam â brenhines halog?

Yn y sylwadaeth ar *Facbeth* y mae hefyd yn awgrymu bod
ymennydd Caleb yn ymateb yn aeddfetach ac yn ardderchocach i
lenyddiaeth nag i ddiwinyddiaeth. Yr awgrym hwn yw'r bont
rhwng rhan gyntaf ac ail ran *Y Dewis.* Bron na ellir sgrifennu
*exit y fam* ar ymyl tudalen 26, oherwydd o hyn i maes yn oddefol
nid yn weithredol y mae hi'n ymddwyn, a chysgod bygythiol
ydyw yn hytrach na chreadures o gig a gwaed: erbyn y diwedd
yr wyf i'n disgwyl iddi godi drwy'i hun a dweud, 'All the
perfumes of Arabia . . .'. Gall y nofel ei hepgor bellach am ei
bod eisoes wedi chwarae ei rhan, wedi cael Caleb i dyngu'i lw,
ac wedi rhoi cip i ni yn anuniongyrchol ar syniadau crach-
ddiwinyddol ei chenhedlaeth ganol, ddylanwadol hi.

Rhai o syniadau cenhedlaeth nain Caleb, y nain ei hun, a'i
hoffterau—dyna a geir ar dudalennau 26 i 40, sef ail ran y nofel.
Ar unwaith synhwyrwn fod yr henwyr yn fwy difyr a llai ym-
wybodol ddifrifol na chenhedlaeth Naomi. Rhywbeth i'w ennill
yw'r Matric iddi hi. Pwnc trafod a myfyrdod ydyw i Richard
Evans y Wern a Humphrey Lewis y Siop; ac y mae camp Lewsyn
Owen y gof yn diffinio'i Ryfeddol Ddyfnder yn perthyn i gamp
Ann Ifans yn *Traed Mewn Cyffion* yn dweud mai 'da y gŵyr
Duw i bwy i roi B.A.' Dyma sylwadau Lewsyn am y Matric:

"Fydda i'n meddwl fod rhai yn ei gael o a'r lleill ddim, 'run fath yn union ag y mae rhai yn cael coron aur a thelyn yn y nefoedd, a'r lleill ddim."

Fel y cara Morgan Llwyd gwmni ei daid yn *Hanes Rhyw Gymro,* felly'n union y cama Caleb ddwy ris ar ysgol ei achau a chanfod llawer o hyfrydwch bywyd ym mherson ei nain. Un o'r pethau mwyaf nodedig amdani, o'i chyferbynnu â Naomi uchelgeisiol gul, yw fod ganddi gistiau'n 'llawn o *Drysorfeydd y Plant* a *Chymru'r Plant'*—

nid y rhai newydd sy'n llawn o hanesion am bregethwyr a phlant bach yn marw ac adnodau a phenillion ar eu gwefusau, ond yr hen rai sy'n llawn o ystraeon a hanesion am ysbrydion a Thylwyth Teg.

Ni allwn osgoi'r casgliad fod y nain wedi cael gwell trefn ar ei byw na'r fam, a'i bod wedi llenwi ei chartref â chyfoeth gwybodaeth nas ceir mohono yn y capel cyfoes, sef gwybodaeth drwy'r dychymyg, gwybodaeth o'r hyn a wnaeth dyn ac o'r hyn y gall ei wneud.

Mae'r wybodaeth hon yn cynnwys mwynhau pechod. Cyfeiriais gynnau at *Y Dewis* fel cadwyn englynion, ac nid yn ddifeddwl y gwneuthum hynny, eithr gan dybied fod rhannau'r nofel ynghlwm wrth ei gilydd, ond fod pob un ohonynt yn cynnwys gwybodaeth wahanol i'r lleill. Yn y rhan gyntaf, dangosir y fam, nid yn ysbryd Hannah gynt ond yn hunanol, yn dod â'i phlentyn at Dduw. Yn ail ran y nofel, sef rhan y nain, daw Caleb i adnabod y diafol. Gwir ei fod yn dod i'w adnabod mewn dull sydd yn ddigon diniwed ar y wyneb, mewn stori a lunia am Gilmyn Droed-ddu yn gwerthu ei enaid i'r Gŵr Drwg, ond mae'n amlwg fod John Gwilym Jones am i ni weld y digwyddiad fel profiad hollol fyw. Meddylier am yr olygfa hon ar lwyfan theatr: mae Caleb yn cynllunio'i stori ac yn ei hadrodd gerbron y gynulleidfa, a chylch golau'r haul yn ei neilltuo oddi wrth rannau eraill y llwyfan; mae'n dod i ddiwedd ei chwedl, ac yn adrodd yn foethus araf, 'Ac felly y gwerthodd Gilmyn Droed-ddu o Lynllifon ei enaid i'r diafol am grochan o aur'—ac yn uchel ar draws y geiriau olaf, o

92

dywyllwch cornel bellaf y llwyfan, daw llais Naomi Gruffydd yn gweiddi, 'Caleb!' Deallai'r gynulleidfa i gyd fod ystyr i'r ffaith fod Naomi'n tarfu ar adnabyddiaeth Caleb o'r diafol. Ac felly'n union y mae yn y nofel.

Gwelir yn awr, ynteu, fod y diafol yn wrthgyferbyniad grymus i'r Duw gorseddfeinciog yr addawodd Caleb ei wasanaethu. Byddai'n dda gan Galeb greu mwy o ddiawliaid, rhoi oes i sgrifennu, ac ar lan bedd ei nain mae'n addo bod yn llenor. Dyna glensio dwy gangen y dewis. Eto rhaid dweud, ''dydi petha ddim mor syml â hynny, wchi.'

Pan ystyria Caleb y ddau addewid, dyma'i adwaith:

Fe wnaeth addewid i'w fam. Crynai'n anesmwyth wrth feddwl amdani. Eto, o'i chadw, o bulpudau ei wlad gyda geirfa ddethol, ac osgo ymbilgar a goslef gogleisiol, fe symudai gynulleidfaoedd fel na byddai yng Nghymru na llan na chapel, na maes na thref, na theimlodd rym ei weinidogaeth ef. Fe wnaeth addewid i'w nain hefyd. Gwridodd yn falch wrth feddwl am honno. O'i chadw, gallai gynhesu aelwydydd heb dân arnynt, arwain rhai di-ddychymyg i wlad hud a lledrith.

Wrth feddwl am y weinidogaeth meddylia'n hunanol, fyfiol, falch. Meddwl am ddifyrru eraill y mae wrth feddwl am sgrifennu. Ond a all ef droi ei gefn ar fod yn bregethwr? Prin. Addewid distaw mewnol a wnaeth i'w nain, ac nid oes neb yn gwybod amdano ond ef ei hun, ac felly fe allai ei dorri. Am yr addewid arall, mae ei fam yn fygythiol fyw o hyd, a'i disgwylgarwch hi'n trymhau awyr y cartref. Pa wahaniaeth os teimla Caleb fod crefydd fel caethiwed ar y frest, a bod llenyddiaeth yn anadl einioes? A all ef gilio oddi wrth ei fam? Er bod y nain yn garedicach 'gyda'i gwên barod' a'i 'llonder cefn gwlad', a yw hi'n mynd i drechu'r Arglwyddes Macbeth? Nid dewis rhwng diwinyddiaeth a dych-ymyg, byd a betws sydd yma felly, ond dewis cymhlethach, dyfn-ach, manylach o lawer.

Clensir y dewis ar dudalen 40 o'r nofel, ond y mae deugain tudalen eto cyn ei diwedd. Defnyddia J. Gwilym Jones y rhan fwyaf ohonynt i gyflwyno Nesta Cefn Eilyn, merch ysgol a allai ddod yn gymar i Galeb. Mae'n ddigon ysgrythurgar a 'threfn-yddol' i fod yn wraig i weinidog Methodist ac yn ddigon artistig i fod yn wraig i awdur llyfrau. Ond myn fod yn hi ei hun, a myn gan Galeb ddweud y gwir am ei deimladau at y weinidogaeth wrth ei fam ac wrth ei eglwys. Dyma drydydd englyn y gadwyn.

Gyda golwg ar adeiladwaith y nofel, mae'n amlwg fod J. Gwilym Jones yn bensaer medrus. Dyna rannau'r fam, y nain, a Nesta. Eto, tybed nad oes gormod o Nesta yma? O'r tair, hi yw'r unig un y cawn hanes ei bywyd, er mai ei hunig dasgau mewn gwirionedd yw dangos ei bod yn caru Caleb, fel y ddwy arall, a'i orfodi i ddewis rhyngddynt. Wrth adrodd ei hanes nid yw Mr. Jones yn gwneud fawr mwy na gohirio penderfyniad ei brif gymeriad. Yn lle'r rhediad

addewid cyntaf—ail addewid—dewis

ceir

addewid cyntaf—ail addewid—hanes Nesta—dewis.

Fe welir bod 'hanes Nesta' yn fesur dros ben pan ystyrir bod y disgrifiadau o'r holl gymeriadau eraill sy'n *extra* yn y nofel yn gymorth i ni ddeall cymdeithas Caleb. Pobl y down ni i'w had-nabod drwyddo ef ydynt, sut bynnag, nid pobl annibynnol fel Nesta ym Mhennod VI. Hwy yw trafodwyr pwnc y Matric, a Gwen Ellis a Beti Jones y cymodgion. Bwriant olau ar fyd Caleb, ac ysgafnant ei ddwyster hefyd. Nid yw Nesta a'i hanes yn gwneud un o'r ddau beth.

Er hyn, mae hi ei hun yn greadigaeth ddeniadol hyfryd, ac yn gwbl hanfodol i rediad y stori ac i bensaernïaeth y nofel. Ar y tudalen olaf un cyffroir ei dychymyg â gwefr a fydd o hyn i maes yn brofiad na ddaw fyth i ran y darpar-weinidog Mr. Gruffydd.

Y Fedal Aur am Ryddiaith a roddwyd i J. Gwilym Jones yn Eisteddfod Genedlaethol 1939. 'Does dim eisiau darllen ymhell-ach na'r tri pharagraff cyntaf o'r nofel i weld fod yma artist a chanddo ddychymyg barddonol ar waith, un a all briodi elfennau gwahanol ynghyd yn ein meddyliau, megis y cysyllta yma lendid nefol y sêr a marwolaeth tad Caleb yn brofiad synhwyrus a fynega i ni ddirgelwch disglair y greadigaeth i gyd. Mwy, y mae sicrwydd ei law wrth lunio cymhariaeth a chyfeiriadaeth, megis cydbwysedd rhai o'i frawddegau a sydynrwydd miniog ei wirebau, oll yn tystio fod J. Gwilym Jones yn gyfarwydd iawn â'r gelfyddyd ar gywrain ymadrodd, sef rhethreg. Fe ddrwgdybir rhethreg gan lawer o ddarllenwyr llenyddiaeth, yn bennaf am fod y gair 'rhethregol' ers rhai canrifoedd bellach yn cael ei ddefnyddio i ddynodi 'gwag' neu 'ffals', ond y mae hynny'n union 'run fath â drwgdybio glendid y môr yn Aberystwyth am fod y pier yn dechrau rhydu. Mae angen mwy na brwdfrydedd a bywiogrwydd ymenyddiol i wneud llenor. Ac y mae J. Gwilym Jones, fel T. H. Parry-Williams a Saunders Lewis yn ein canrif ni, ac fel holl sgrifenwyr hyfforddedig y Canol Oesoedd a Chyfnod y Dadeni, yn effro i bob troad a thric a all gyfoethogi eu mynegiant, ac amrywio'r dweud a'i ystyr.

Nid hyn yn unig a ddysgodd Mr. Jones. Dysgodd hefyd drefnu'i ddefnydd. Sylwer mai ar ôl disgrifio dull y blaenoriaid o siarad ynddi, ac ar ôl disgrifio'r amryfal gyfarfodydd a gynhelir ynddi, y dywed mai 'Lle rhagorol ydoedd y Festri i Dduw a dyn gyfarfod ar yr un tir.' Drwy gadw'r wireb tan ddiwedd y disgrifiad, mae fel petai yn dyrchafu gwerth popeth a gynhwysir yn y paragraff, yn ei ddyrchafu ar ôl dweud yn nawddogol ar y dechrau mai 'Rhyw gyfaddawd rhwng byd ac eglwys' oedd y festri. Defnyddia gyfeiriadaeth yr un mor bwrpasol. Pan yw Caleb a Naomi Gruffydd ar eu ffordd i lan bedd y tad noson yr addewid, cyn i Mrs. Gruffydd sôn dim am dyngu llw, cawn ar ddeall fod Caleb yn credu bod ysbrydion y meirw ym mhob man, yn 'sisial' ac yn 'siffrwd'. Yna'r gyfeiriadaeth:

> Adnabu'r Santes Joan eu llais yng nghlychau'r eglwys gefn dydd golau; galwasant yn uwch ar Foses na'r taranau, ac fe ufuddhaodd Gruffydd Jones o Landdowror i lais meinach na distawrwydd mynydd.

Hanner-awgrymu'r hyn sydd i ddod y mae'r enwau hyn, oherwydd ymhen dwsin o frawddegau mae Caleb yntau yn ymateb, nid i alwad ysbryd mae'n wir, os na ellir cyfrif ei dad yn ysbryd, ond yn fwy penodol i alwad goncrit ei fam.

Mae'n bryd i mi ofyn eto paham y troes J. Gwilym Jones ei gefn ar ffurf y nofel ar ôl cyhoeddi *Y Dewis*. Dywedodd ef ei hun fwy nag unwaith iddo gefnu arni am nad oedd ganddo ddigon o amynedd i sgrifennu 'ebe A' ac 'atebodd B' ar ôl pob darn o ddialog, ond prin fod hwn yn ateb boddhaol gan ddramodydd sy'n rhoi enw'r siaradwr o flaen pob ebychiad a ddaw o'i geg. Ond chwarae teg i Mr. Jones, paham y dylai ef roi'r ateb 'boddhaol'? Dyletswydd beirniadaeth yw gwneud hynny.

Y mae perygl, wrth gwrs, i ni edrych ar weithiau antheatrig Mr. Jones a gweld ynddynt oll rannau dramatig, neu elfennau y gellid eu cyflwyno'n well ar lwyfan. Ar y llaw arall, ni all neb wadu fod rhannau o *Y Dewis* yn addas i'w hactio. Dyna'r darn a nodais gynnau lle roedd Caleb yn adrodd ei stori am Gilmyn a'r diafol, a'i fam yn tarfu arno; neu'r interlwd ddoniol lle mae'r gof Lewsyn yn dweud ei farn am y Matric; neu'r man tua'r diwedd lle mae Caleb yn cyfaddef ei boen wrth Nesta. Ond tybed nad y peth mwyaf addas i gyd i ffrâm drama yw rhediad y stori ei hun, yr 'addewid cyntaf—ail addewid—a'r dewis', yn enwedig o weld fod i'r tair rhan eu priod gymeriadau, y fam, y nain, a Nesta? Mentraf awgrymu na fyddai John Gwilym Jones y dramodydd wedi cynnwys 'hanes Nesta' o gwbl.

O'r pum synnwyr, prif synnwyr y theatr, sef y glust, yw'r synnwyr cryfaf oll yn *Y Dewis*. Digon gwir fod ynddi weld manwl a chywir, ac yn sgîl hynny deimlo llysnafedd malwen ddu ac arogli gwair melyn, ond y glust sy'n gwerthfawrogi'r dynwarediad o'r Rhodd Mam, y glust sy'n clywed sŵn y Mabinogi yn chwedl Cilmyn, y glust sy'n mwynhau slyrio moethus Gwen Ellis a'i phentyrrau o eiriau anwes, a'r glust hithau sy'n clywed y lleisiau sy'n siarad ar draws ei gilydd gyda Chaleb ar ddiwedd Pennod VII.

"Fe addewaist i'th fam, Caleb," sua'i dad, "wrth ben fy medd i. Mae'n ddymuniad i mi. Fe'th felltithir holl ddyddiau dy fywyd os troi di dy gefn arnaf. Fe ddaw â chlod a phoblogrwydd i ti." "Mae tir Llaneilyn yn disgwyl wrthyt ti, Caleb," ebe'i nain. "Mae'r afon a Nant Cae Glas, a Glynllifon a Dinas Dinlle'n corddi i gael siarad. Daw â llawenydd a bodlonrwydd i ti."

Ac y mae lleisiau ei fam a Nesta'n dilyn. Mewn drama y byddai'r rhain yn fwyaf effeithiol, fel y mae lleisiau'r diwinyddion yn *Hanes Rhyw Gymro* yn effeithiol. Yn wir, mae'r brawddegau sy'n canlyn y lleisiau uchod yn y nofel megis cyfarwyddyd i'r actor sy'n gorfod eu dioddef:

O na allai godi ei law a distewi un ohonynt, a chodi ei fys a chryfhau un arall. O na welai, na theimlai un ohonynt yn bendant, ddiamwys, a throi cefn ar yr ansicrwydd yma a'i llusgai'n giaidd.

Beth mae'r pwyntiau hyn yn ei ddangos yw bod yn well gan awdur *Y Dewis* beidio ag ymarfer y math o adeiladu a'r math o ddweud cwmpasog a llinellol a gysylltir fel arfer â'r nofel. Ond ni throdd J. Gwilym Jones yn syth at sgrifennu dramâu, eithr yn hytrach at gyfansoddi storïau *Y Goeden Eirin*, llyfr sydd yn dangos yn eglur iawn mor feistraidd yw rhyddiaith wych awdur *Y Dewis*.

# Y Goeden Eirin

## gan

## Derec Llwyd Morgan

Pe bawn yn dechrau trwy ddweud mai un *Goeden Eirin* sydd, byddwn yn datgan gwirionedd sydd yn berffaith amlwg yn barod, achos prin y gall fod yna ddau lyfr sy'n union yr un fath. Ond mi hoffwn ddweud fod darllen *Y Goeden Eirin* yn brofiad cwbl arbennig, ac nad oes llyfr modern Cymraeg yn debyg iddo, heb sôn am fod yn frawd neu'n llysfrawd iddo. Y mae o rywogaeth ryfedd. Ac y mae dwy farn amdano. Mae'n llyfr y mae dyn yn dwlu'n lân arno, ac yn ei roi rhwng 'peipiau mawr' y Beibl a'r Mabinogi; neu ar y llaw arall, mae'n llyfr y dywedir amdano ei fod yn llyfr 'clyfar iawn ond anodd drybeilig'—eto fel y Beibl a'r Mabinogi—ac a roddir i hel llwch ar yr un silff â'r Traethawd ar yr Iawn a barddoniaeth orau Islwyn. A'r gyfrol bellach yn eiddo i ni ers mwy na chwarter canrif fe ddylem fedru dweud paham y mae'n hawdd dotio arni, a pham hefyd y mae'n glyfar ac yn anodd. Tasg feddal fyddai canu ei chlodydd: pwysicach yw ceisio bwrw golau ar ei harbenigrwydd.

Yn aml iawn fe ddisgwylir i waith gwir arbennig gael dylanwad ar weithiau eraill a ddaw ar ei ôl. A gellid dadlau y disgwylid i *Y Goeden Eirin* hithau fod yn drobwynt yn hanes y stori fer Gymraeg petai'n gyfrol hollol ddisglair. Ond 'dyw hi ddim. Wrth bori, dyweder, yn *Cân Serch* T. Glynne Davies, a sgrifennwyd ddiwedd y pedwar-degau, neu yng nghyfrolau Eigra Lewis Roberts, ni fedrai neb ddyfalu fod artist tebyg i J. Gwilym Jones erioed wedi llunio'r un paragraff o stori yn yr iaith Gymraeg. Ni fenthycodd un ohonynt na'i ddull caboledig, raddedig ef o sgrifennu, na'i deip o gymeriad ifanc, galluog, gwybodus, na'i ddiddordeb yn isymwybod ei bobl. Y gwir amdani yw ei bod yn ḥaws i awdur efelychu Kate Roberts na John Gwilym Jones, ond hwyrach fod cyneddfau beirniadol y storïwyr iau yn o sownd, a'u bod yn tybied na ddylent am rai resymau penodol geisio eilio gwaith y gŵr o'r Groeslon. Ni fyddai un beirniad eisteddfodol yn gwarafun i gystadleuydd sgrifennu stori fer am ddynes ifanc yn mynd am drip i anghofio'i thrafferthion, er bod Kate Roberts wedi gwneud hynny'n gampus eisoes. Ond pe digwyddai i gystadleuydd ddarlunio gwraig ifanc yn trafod rhyngddi hi a'i chysgod y drafferth a gai i ail-wynebu'i thrafferthion, gwelai'r beirniad ôl John Gwilym Jones ar y stori'n syth, ac nid hwyrach y cymhennai'r ymgeisydd am ddilyn y meistr mor glòs.

Pam, ys gwn i? Wrth baratoi arolwg o straeon byrion yr ugeinfed ganrif yn ddiweddar, sylwais fod un awdur ifanc wedi defnyddio dwy sefyllfa yn union fel y'u defnyddiwyd mewn straeon gan y Dr. Roberts ei hun, ond pe na bawn i'n dra-chyfarwydd â chyfrolau'r Doctor Kate, mae'n fwy na thebyg na bawn i wedi sylwi ar y lladrad, oherwydd mae'n dipyn o gamp cofio cynnwys a rhediad tua hanner cant a phump o straeon. Chwech sydd o dan enw J. Gwilym Jones. Nid nad oes gan Kate Roberts rai bythgofiadwy—wrth gwrs fod ganddi. Eto tueddwn i feddwl am ei straeon hi fel rhes o lampau anhepgorol yn goleuo un ffordd galed o fyw, gyda chylch un lamp yn braidd-gyffwrdd â'r nesaf. Neon amryliw yw pob stori yn *Y Goeden Eirin,* yn goleuo ac yn disgleirio'r un pryd—bron na ddwedwn yn tynnu sylw ati'i hun. Ac fel y mae'n haws i leidr ddwyn lamp felen olew na dwyn darn o hysbyseb drydan yn Piccadilly, felly hefyd y gall awdur llai fenthyca darn o weledigaeth fawr Kate Roberts ynghynt na disgleirdeb John Gwilym Jones.

Dyna'i bwnc wedyn. Lle mae W. J. Griffith, D. J. Williams ac Islwyn Williams oll wedi llunio straeon a phethau'n digwydd ynddynt yn 'gymdeithasol', mewn tai ac allan yn y tywydd, straeon yn 'dadansoddi meddwl' a saernïodd J. Gwilym Jones, gan wneud yr isymwybod yn gymaint o blwyf iddo'i hun ag yw'r Henllys Fawr, Llansawel a'r cylch, ac Ystalyfera yn llefydd arbennig i'r lleill. Hyd yn oed pan yw awdur heddiw yn benthyca gweledigaeth Kate Roberts, ni all ei lleoli yn Arfon, rhaid ei symud i rywle ffug. O osod stori yno o gwbl, rhaid i'r awdur bellach ddweud rhywbeth newydd. Yn yr un modd bydd gofyn i'r awdur Cymraeg nesaf a duria yn haenau'r meddwl fod yn awdur a wêl bethau'n wahanol i J. Gwilym Jones.

Nod amgen John Gwilym Jones fel storïwr, ynteu, yw ei ddull disglair o drin ei ddewis bwnc. Ond pan ymddangosodd *Y Goeden Eirin* gyntaf, beirniadwyd ef am ddewis y ffasiwn bwnc ac am ddieithrwch ei ddull o'i drin yn ogystal. Enid yn 'Cerrig y Rhyd' a gondemniodd y pwnc egluraf. ' "Nid creu cymeriadau byw, symudol, pobl yn gwneud y peth yma a'r peth arall mewn mannau neilltuol ar adegau neilltuol i amcanion neilltuol, a'u gweithredoedd yn rhai credadwy yn dilyn yn naturiol un ar ôl y llall yng ngwrs amser a wnewch chi," ebe Enid, ". . . ond yn hytrach rhyw erthylod y gellwch chi . . . eu malu a'u hollti yn ôl eich mympwy eich hun, a chymysgu eu gorffennol a'u presennol a'u dyfodol yn un gybolfa annealladwy." ' A dyna gondemnio'r dull yr un pryd! Er bod yr awdur yng nghymeriad Absalom wedi'i amddiffyn ei hun yn ardderchog wrth ateb Enid, deallwn oddi wrth gwestiynau Mr. Saunders Lewis yn *Crefft y Stori Fer* y bu cwyno yn y papurau wedyn fod 'dull a chynllun' y storïau'n 'ddieithr'. 'Cymowta' ym meddyliau ei gymeriadau y mae J. Gwilym Jones, a 'does dim dau fod darllen straeon seicolegol yn dasg anodd i ddarllenwyr a oedd wedi arfer â straeon naratif syml. Er hyn, nid yw Mr. Jones yn deg ag ef ei hun pan ddywed mai'r hyn a wna yw 'dilyn syniad ar ôl syniad heb fod ar y wyneb fawr iawn o gysylltiad rhyngddyn nhw', oherwydd y mae i'w straeon i gyd batrwm o gyd-gysylltu. (Os myn neb weld mewn stori Gymraeg syniadau'n dilyn ei gilydd yn llawer mwy di-ddal na rhai *Y Goeden Eirin*, craffer ar 'Yr Enaid Clwyfus' gan Kate Roberts yn *Prynu Dol*.)

Un o nodweddion yr arddull yn *Y Goeden Eirin* yw y rhoddir yr argraff fod y stori'n llifo'n ddilyffethair rydd, tra mewn gwirionedd y mae ynddi ddyfeisiadau rhethregol sy'n gweithredu fel rhwystrau ac onglau a rowndabowtiau i roi cyfeiriad celfydd iddi.

Nid yw'r llif llenyddol nas 'eteil neb', fel gwrthrych cywydd Dafydd ap Gwilym, yn ddim ond gwynt. Y feri ffaith fod atal-feydd ar ffordd y dweud sy'n creu'r tyndra mawr a deimlir wrth ddarllen *Y Goeden Eirin*. Yn y stori-deitl, mae'r darllenydd yn gwybod yn iawn ar ddiwedd y paragraff agoriadol—sef pan ddywed Sionyn ei fod ef yn y Maes Mawr a Wil yn yr Aifft—fod a wnelo'r pren rywbeth â'u gwahaniad, ond wrth ddefnyddio cyfres o gastiau ataliol ni ddywedir beth tan y paragraff olaf. Yn fwriadol, wrth gwrs, y gwna Sionyn hyn. Ebe fe:

'Rydw' i'n dal ar bob cyfle ac yn codi hynny o ysgyfarnogod a fedra' i rhag sôn yn iawn am y goeden eirin, mi wn i o'r gorau, a rheswm da pam. Mae'n gas gan fy nghalon i feddwl amdani. Fe fyddaf yn meddwl weithiau mae hi yw fy ngelyn pennaf i. *etc.*

Nid dilyniant rhydd sydd yma, nage, ond dweud disgybledig, cyfaddef cyfyngedig, a hynny drwy droadau y daeth J. Gwilym Jones yn gydnabyddus â nhw wrth astudio clasuron llên. 'Y mae fy nyled, meddai, 'i'r Bardd Cwsg, a Llythyr i'r Cymru Cariadus, a Llyfr y Tri Aderyn yn amrhisiadwy.' Yn ei gell gartref, fel yn ddiweddarach gyda'i ddisgyblion mewn stafell yn y coleg, byddai'n cymryd brawddeg gan Ellis Wynne neu Forgan Llwyd, yn ei dat-gymalu, ac yn ffurfio brawddeg arall ar yr un patrwm yn union. 'Dewis paragraff wedyn, a'i efelychu gymal wrth gymal, cym-hariaeth am gymhariaeth, ail-adrodd am ail-adrodd, gwrth-gyferbyniad am wrthgyferbyniad.' O ganlyniad, daeth yr awdur a ddewisai gyfansoddi storïau am syniadau a meddyliau a theiml-adau cudd dynion o'r ugeinfed ganrif yn gynefin â nodweddion arddulliau meistri'r ail ganrif ar bymtheg, gwŷr yn eu tro a'u trwythodd eu hunain mewn rhethreg, un o gelfyddydau mawr pwysig y byd clasurol. Y mae *Y Goeden Eirin*, felly, o ran ei chynnwys, yn delio â rhywbeth a berthyn i'r gangen honno o wyddoniaeth a elwir yng nghartwnau'r *New Yorker* yn 'head-shrinking', ond o ran ei chrefft yn seiliedig ar gelfyddyd yr oedd Cicero yn ei thra-dyrchafu. Y cyfuniad hwn, yn anad dim arall, sy'n ei gwneud yn gyfrol mor eithriadol o arbennig, sef fod ei hawdur, wrth ymarfer ei feistrolaeth ar rethreg, yn defnyddio hen hen gelfyddyd i atal y llif isymwybodol o syniadau a ganfuwyd gan seicoleg, un o'r gwyddorau ieuengaf.

Fe fynnai Freud a'i griw fod hyn yn gwbl groes i natur, a byddai'n rhaid cytuno ag ef—ond y mae'n llenyddiaeth glodwiw, a hynny sy'n cyfrif yma. Bu gwyddonwyr ers dros dair canrif yn gwneud eu gorau—ac yn llwyddo—i gael awduron o'u plith eu hunain i anwybyddu rhethreg, am eu bod yn credu, fel y credai Socrates, na cheid at y gwirionedd ond drwy adael i'r meddwl ymofyngar, ymchwilgar chwarae'n rhydd o afael y gelfyddyd hon a oedd wrth ei natur yn rhaglunio syniadau. Efelychu, nid profi, yw ei hathrylith hi. Hi a ddysgodd i ni ddal i ddweud fod yr haul yn *codi,* er fod pob un ohonom sydd wedi gadael dosbarth y babanod yn deall yn eithaf da beth oedd canlyniad arbrofion mathemategol Copernicus. Erbyn hyn, a gwyddoniaeth yn cael ei sylw haeddiannol, os nad gormodol, yr ydym yn gweld fod byd o wahaniaeth rhwng y gwir a ddysgir ganddi hi a'r gwir y mae celfyddyd yn ceisio'i gwmpasu. Buaswn yn disgwyl, serch hynny, gael ar ddeall gan ryw Ddoctor Alun fod J. Gwilym Jones yn *Y Goeden Eirin* yn cyflwyno dadansoddiadau y byddai'r seicolegwr yn eu derbyn fel rhai 'cywir'—fe gofir i'r Dr. M. David Enoch amddiffyn *Tywyll Heno* yn *Barn* un tro—ond nid dyna'r pwynt. Pe na bai *Drws y Society Profiad* yn ddim ond dogfen feddygol, go brin y byddem yn ei ddarllen heddiw er mwyn na gwybodaeth na gwefr. Grym eithriadol ysgrifennu Pantycelyn, a'r ymwybod â chyfrifoldeb ysbrydol a amlygir drwyddo, dyna'r ffactorau a'i gwnaeth yn waith o bwysigrwydd byw yn ein llenyddiaeth ni. A'r un modd gyda *Tywyll Heno* a *Y Goeden Eirin*. Gwirionedd llenyddiaeth yw eu gwirionedd cyntaf, am eu bod yn mynegi symudiad meddyliau dynion a merched mewn geiriau y detholwyd eu sŵn a'u synnwyr yn ofalus-sicr i greu corff o benodau sy'n gynghanedd gyfan. Gwell gan y gwyddonydd, gyda Thomas Sprat, 'draddodi hyn a hyn o *Bethau*, bron mewn cynifer â hynny o *Eiriau*'.

Mae'n debyg y gallai'r rhan fwyaf ohonom ddisgrifio 'cynghanedd gyfan' neu batrwm storïau *Y Goeden Eirin* mewn termau geometraidd. Am eu disgrifio yn nhermau rhethreg ei hun, ni waeth cyfaddef, mae hynny y tu hwnt i ni. Ond ys dywed Northrop Frye, a bledia achos y ddysg hon mewn traethawd ar ôl traethawd, 'Fe roddai adfer iaith dechnegol rhethreg, nid yn unig dermau defnyddiol i ni, ond mewn lliaws o achosion fe adferai y conseptau eu hunain a anghofiwyd ynghyd â'u henwau.'

Cyfres o gylchau yw 'Y Briodas'. Â'r storïwr ar ei hynt i mewn i feddwl y saith gymeriad yn eu tro, gan groniclo'r hyn sydd yn mynd drwy'u meddyliau yn ystod y gwasanaeth priodas. Gan mai uniad yw priodas, fe ddisgwylid cael yn rhediad y gwahanol feddyliau rai syniadau neu ddeisyfiadau a fyddai'n clymu rhai o'r cymeriadau wrth ei gilydd, er gwaetha'r ffaith mai diffinio unigol-yddiaeth pawb y mae'r saith gylch. A cheir hynny. Fe gofir bod Gwen, y forwyn, yn dymuno gweld Galath yn dod i'w cheisio. Yna, yn ei dro, cawn fod y gweinidog ifanc Arthur Davies, a gafodd ail le erioed, yn ffansïo Gwen, ac yn penderfynu yn ei feddwl fynd 'fel Peredur ar antur' i'w hennill: fe'i gwêl ei hun yn cyrraedd llys Peles, yn craffu ar ogoniant y Cwpan Santaidd, ond 'Galath', meddylia, 'Galath a wêl gwblhau ei antur.' Dyna lle cyffyrdda'u cylchau nhw.

Nid damwain yw na chyffyrdda cylchau John Llywelyn a Lizzie Mary. Byddem yn disgwyl iddynt orgyffwrdd fel dau o'r cylchau yn symbol y Mabolgampau Olympaidd, ond gyda'r ferch o Gefn Ydfa a chariadon ffilmiau Clark Gable ac ym myd aristocratiaid hunan-hysbysebol Lloegr y mae Lizzie Mary fwyaf, tra mae John Llywelyn, a gâr ddychymyg arhosol llenyddiaeth yn fwy o lawer na ffansi'r funud, chwarae teg iddo, unwaith yn rhagor yn datgan ei ddoethineb yn priodi'r ferch a gâr ei galon. Ond nid hiraeth *Tra Bo Dau* sy'n addas i'w sefyllfa, eithr sicrwydd moriog *Hywel a Blodwen*. Pan yw John Llywelyn yn gofyn iddo'i hun, 'A gymra' i'r ferch hon yn wraig briod i mi?' ac yn ateb, 'Cym-e-e-ra'n ddioed, mae nghalon i'n eiddo i Li-i-zzie erioed', y mae'n distaw-ddweud rhywbeth a drawodd y Parchedig Edward Jones wrth fyfyrio ychydig ynghynt, sef

Meddyliais lawer gwaith beth ddigwyddai pe digwyddai yn lle gofyn, "Hon-a-hon, a gymeri di y mab hwn yn ŵr priod i ti?" y gofynnwn, "Hon-a-hon, a gymeri di galon Hwn-a-hwn?" a hithau'n ateb, "Cyme-e-era'n ddioed, mae 'ngha-a-alon i'n eiddo i Hy-y-ywel erioed."

Pan yw John, ar ôl canu yn ei feddwl am hawl Lizzie ar ei galon, yn gofyn yn rhethregol, 'Fe ddychrynech am eich bywyd pe canwn i felna, yn gwnaech, Edward Jones?', fe ŵyr y darllenydd yn dda na wnâi o ddim. Ond y darllenydd yn unig a ŵyr. Er bod y ddau ddyn, o fewn dwy lath i'w gilydd yn y Sêt Fawr, wedi meddwl am yr un peth yn union, a'u cylchau wedi cwrdd, eto arhosant yn gyfan gwbl ar wahân, heb ddim cysylltiad rhyng-ddynt ond Cymraeg y gwasanaeth priodas.

Oherwydd iddo gael y fraint o adnabod meddyliau'r seithwyr yn 'Y Briodas' y mae'r darllenydd yn teimlo'i fod yn eu hadnabod yn o lew, ac o'u hadnabod yn cydymdeimlo'n frawdol â'r rhan fwyaf ohonyn nhw. Cydymdeimlwn ag Edward Jones a gyrhaedd-odd ei henoed heb ddim cynnwrf. Ebe fe:

Cefnais ar fy more a'i awelon a'i flodau llo bach. Cyrhaeddais fy mhryn-hawn swrth a'i flodau llo mawr.

Llonyddodd ffresni'i 'awelon', do, ac wrth ddarllen ail rannau'r brawddegau hyn, yn fy myw ni allaf lai na meddwl iddo fynd yn fwy o lo, hynny yw, yn greadur diniwed a hoff, ond trwsgl a thrafferthus ym muarth ei eglwys. Rhaid cydymdeimlo ag Arthur Davies, wrth gwrs, nid yn unig am mai ail le a gafodd erioed, ond hefyd oherwydd am na all gadw'i feddwl ar ei gysegru'i hunan i'w waith, fel y myn wneud. Campus o ieuad yw 'Porfeydd gwelltog. Tin clawdd' pan ddeisyfa'r Arglwydd a Gwen Jones yr un pryd! Wrth deimlo dros John Llywelyn, gobeithio wyf i na wnaiff Lizzie Mary fyth edliw iddo nad yw'n na Chlark Gable nac yn Lord Bumford, ond y bydd yn ei garu gyda'r un medr a gofal ag a bobodd bwdin reis da i'w thad, a fydd o hyn i maes yn gweld eisiau'r mwythau cartref hyd yn oed os bydd o'n medru fforddio baco yn lle siag.

Yn y pen draw, sut bynnag, nid yr hyn a feddylia'r cymeriadau yn unig sydd yn cymell cydymdeimlad ynom, ond hefyd y ffaith eu bod yn meddwl y meddyliau bob un yn ei gylch ei hun. Mae ffurf y stori yn amodi'n hymateb i'w chymeriadau, yn gwneud i ni sylweddoli mai pobl ar wahân ydynt, yn dioddef o annibyniaeth anorfod na all yr act o briodi hyd yn oed mo'i lleddfu, dim ond torri arno yn awr ac yn y man.

Datganiad dewr o annibyniaeth o fath arall, annibyniaeth ymwybodol, a geir yn 'Cerrig y Rhyd', stori olaf *Y Goeden Eirin.* Gan fod Enid ac Absalom yn dadlau pwnc o feirniadaeth lenyddol ar ei dechrau, a gan fod J. Gwilym Jones ei hun wedi cyhoeddi fod y dechrau hwn yn 'rhyw fath o ymddiheurad dros ei ffurf', mae perygl i ni golli golwg ar y ffaith fod yr agoriad yn rhan hanfodol o'r stori ei hun, ac mai'r un un yw Absalom yr awdur a geryddir gan Enid yno a'r hogyn yng nghorff y gwaith a geisia brawf o hyd ac o hyd fod ei fam yn ei garu. Y mae 'Cerrig y Rhyd' ar yr un pryd yn amddiffyniad o hawl a braint awdur i sgrifennu yn ôl ei weledigaeth, ac yn adroddiad o ymdrech yr awdur yn llanc synhwyrus i goncro'i flys am wybod beth oedd teimladau ei fam tuag ato. Aeddfeda'r llanc yn artist pan yw'n gweld un noson ogoniant byw a hardd llenyddiaeth. Ac yntau'n artist, wedi sylwi ar y mwg yn 'ymdroelli o simnai tŷ gwag yn Rhyd Ddu' ac wedi clywed 'sŵn hen afon Prysor yn canu yn y cwm', maga annibyniaeth.

Ffurf *vortex,* pwll tro, sydd i ran gyntaf y stori hon; a chamau yw ei hail ran. Sugn-gylchoedd y pwll sy'n tynnu'r mab i lawr i'r tywyllwch brawychus sydd ar waelod ei Garibdys yw'r ddau episod, ar dudalennau 60-1 a 63-4, lle mae'n gwneud ymgais ofer i gysylltu â'i fam. Fe allai Absalom feddalu'n farw yn y trobwll hwn, wrth gwrs, ond penderfyna wneud camp o farw, a choda'i hunan i ddechrau troedio cerrig rhyd marwolaethau mwy dramatig—fel rhai Maer Corc, a Constantine yn *Yr Wylan* gan Chekhov —a'i harweinia i ochr draw'r Iorddonen. Ati hi, yn ddiau, y cyfeiria Absalom pan ddywed y mynna gamu ar y cerrig 'yn nes at wyrddlesni glan arall yr afon.'

Sylwer ar y gwahaniaeth sydd yna rhwng y math o sgrifennu a geir yn y rhan gyntaf o 'Gerrig y Rhyd' a'r ail ran. Panic a fynegir yn y rhan gyntaf. Ceir enghreifftiau o'r troadau a eilw Henri Perri yn ei lyfr ar rethreg yn *edryd* ('pan adroddir yr un sain yn nechreuad y brawddegau') ac yn *catblyg* ('pan fo llawer o rannau'r araith yn dechrau â'r unrhyw sain, a diwedd cynifer yn unsain, ac unodl'). Dyma enghraifft o *edryd*:

Mae yna famau sy'n trin eu plant fel banciau neu bolisi insiwrin. Mae yna famau sy'n ymhyfrydu mewn aberthu eu plant dros frenin na welsant erioed a rhyw syniad haniaethol; mae yna famau sy'n mygu eu plant â gor-gariad.

A dyma enghraifft o *gatblyg*:

O mam . . . rhowch gusan imi, rhowch glustan imi . . . O mam, rhowch eich dwy law am fy ngwddw i; rhowch chwip din imi.

Fel y'u defnyddir gan J. Gwilym Jones, cryfhau'r synnwyr o banic y mae'r ffigurau hyn: mae yn rhestr yr *edryd* famau hunan-gar a mamau ffôl a mamau maldodus, ond nid oes dim lle i fam Absalom ar y rhestr; ac yn neisyfiadau y *catblyg* cwta gwelir nad oes yn ei fam na chas na chariad mam, dim ond laodiserwydd llonydd.

Yr athro Saesneg yn yr ysgol sy'n dysgu i Absalom fod gwahaniaeth rhwng mynegiant 'dynion wedi eu cyffroi gan deiml-adau dwfn' (fel efe'i hun yn y rhan gyntaf) a mynegiant 'yr awr dawel ymhen hir wedi'r cyffro'. O'r fan hon ymlaen, mae'r mab yn adrodd ei hanes fel un a ddaeth allan o drobwll ei dryblith, yn fwy hamddenol. Profiad wedi oeri sydd yma nawr, nid panic poeth. Ac yn hytrach na sôn amdano'i hun a'i fam, cyfeiria'n ehangfryd at brofiadau dynion a merched eraill, profiadau sydd, yn baradocsaidd ond yn sicr, o gymorth iddo ef ei adnabod ei hun yn well.

Dengys meistrolaeth Absalom ar arddulliau dwy ran ei stori ei fod yn deall siâp ei brofiad yn iawn, ac y mae hyn yn wir hefyd am brif gymeriadau y pedair stori arall sydd yn *Y Goeden Eirin*. Mae Glyn yn 'Mendio' yn cyrraedd pwynt o wellhad yn ysbyty'r meddwl, ond yn dymuno cael mynd yn ôl ar hyd y llinell honno i'r man lle roedd yn wallgof hapus. Fel cymeriadau eraill John

Gwilym Jones, mae'n ŵr ifanc synhwyrgall a gwybodus, ac oherwydd ei hydeimledd, mae'n debyg, y collodd ei synnwyr yn y rhyfel. Y mae nid yn unig yn gwybod enw Alecsander Fawr, ond y mae'n gwybod digon am ei gymeriad yn ogystal i'w ddychmygu 'a'i fraich am wddw yr hen Feti Tŷ Mwd', ac y mae enw'i thŷ yn dweud mwy na digon am Feti! Y mae hefyd yn hoff o eiriau iaith, yn hoff o chwarae â nhw, yn deall eu hymddygiad nhw. Am ei fod yn ddyn diwylliedig yr ydym yn gallu derbyn yn gydymdeimladol ei ddymuniad i gilio oddi wrth orffwylledd y rhyfel byd yn ôl i orffwylledd llai niweidiol ei fyd chwaraeplant lle mae 'mam' bob amser yn 'mam'.

Gwrthwynebydd cydwybodol yw Meurig yn 'Y Cymun', bachgen ifanc amddifad a'i cysegrodd ei hun i weinidogaethu'r Efengyl, ond sydd yn awr yn gorfod gweithio ar y tir. Nid oes a wnelo'i wrthwynebiad ddim â'r ffordd y mae'n ymddwyn yn y stori, ond dyna pam y mae ganddo gyfle i fynd am dro i Ddyffryn Ysig. Y mae ei amddifadrwydd yn bwysig iawn, a'i alwedigaeth hefyd. Am ei fod yn amddifad y mae'n poeni na all weld llinell ei achau yn arwain i fyny ato, ac yn rhoi iddo 'ymdeimlad o unoliaeth' a thraddodiad. Y mae'n bwysig ein bod ni'n gwybod beth ydyw wrth ei alwedigaeth er mwyn deall na roes crefydd, ddim mwy nag addysg coleg, ddim cyfeirbwynt sicr i'w fywyd. Bron na ellir dweud fod John Gwilym Jones yn honni unwaith yn rhagor mai gwell mam na Thad Nefol.

Os edrychir ar y pedwar pregethwr sydd yn *Y Goeden Eirin,* fe welir pedwar merfaidd ddigon, er bod rhyw fflach yn yr hen Edward Jones. Pe bai dimeiwerth o drydan yn natur Arthur Davies, prin y byddai John Llywelyn a Lizzie Mary wedi gofyn i Mr. Jones eu priodi—ond, dyna, ail ddewis oedd o i fugeilio'u heglwys. Chwareubeth o weinidog yw'r truan sydd yn 'Y Garnedd Uchaf' wedyn. Dynion goddefol ydynt i gyd—wedi colli 'pob osgo wrth ddal dysglau'n wastad', ys dywed Edward Jones amdano'i hun—yn hytrach na dynion ar dân gan boethder eu cenhadaeth a'u hyder arallfydol, yn barod i feirniadu a maddau, a chyflwyno i'w cydnabod weledigaeth ogoneddus y Testament

Newydd o'r ail-enedigaeth yng Nghrist Iesu fab y Duw byw. 'Does dim dwywaith nad o fywyd Cymru'r tri- ar pedwar-degau y cododd J. Gwilym Jones y bugeiliaid cwla hyn, a'i fod yn ei bortread ohonynt yn beirniadu'r gyfundrefn sych a'u crinodd; ond tybed nad ydyw hefyd, wrth lunio'r rhain fel y gwnaeth, yn awgrymu na fyn cymeriadau'i storïau gymuno'n llawn â'r Goruwchnaturiol na all eu pum synnwyr mo'i ddirnad? Storïau o blaned sydd ar fin torri'n rhydd o afael Haul y Cyfiawnder yw storïau *Y Goeden Eirin,* storïau'r enaid seciwlar a gaiff ei faeth yn Keats a'r Mabinogi a'r pridd, ac y mendir ei afiechydon mewn seilam.

Pleser ei synhwyrau yn harddwch naturiol Dyffryn Ysig sy'n gwneud Meurig Lewis yn llawen. Ac yno 'wrth ei fodd', pan yw'n teimlo'i fod wedi dod o hyd i'w etifeddiaeth gynhaliol, nid 'y Beibl a ddarllenasai'r munud hwnnw, ond "Cit", a hen rifynnau *Cymru'r Plant* a "Sioned" '. Gwêl fod ei holl enaid mewn cytgord â phrydferthwch y cwm hwn, ac megis i arwyddocáu hynny beiddia fwyta cneuen yn lle bara ac yfed dŵr yn lle gwin. Gadawa'r cymun rhyfedd ar ei ôl

> dangnefedd ac ymdeimlad o undeb anorfod tragwyddol â daear las a phridd a dŵr.

Oes, y mae yma adlais anwadadwy o 'undeb llonydd anfesurol tragwyddol' Llythyr Morgan Llwyd at y Cymry Cariadus. Yr eironi yw nad â Duw yr una Meurig, ond â daear lawr Ei greadigaeth. Drwy dreiddio iddi hi y treiddiodd i'r adnabyddiaeth ohono'i hun.

Yn yr ystyr ei bod yn stori am lanc a brofodd boenau am ei fod i bob pwpas yn ddi-berthyn, mae ' Y Cymun' yn chwaerstori i 'Gerrig y Rhyd', ond cyrhaedda Meurig ac Absalom hunanddigonolrwydd drwy ffyrdd gwahanol.

Y ddau gymeriad sydd sicraf oll o ffurfiau eu profiadau yw'r carcharor anghyffredin a geir yn 'Y Garnedd Uchaf' a Sionyn yn 'Y Goeden Eirin'. Cofiaf i bobl ddweud pan ymddangosodd *Ffenestri Tua'r Gwyll* Islwyn Ffowc Elis ym 1956 nad oedd cymdeithas fel yr un a ddarlunid yno i'w chael yng Nghymru, a bod yr afrealrwydd sylfaenol hwn yn difetha'r nofel. Nid â'r tebyg na'r tebygol y mae a wnelo llenyddiaeth, ond â'r dych- mygol, a eill o'i adeiladu'n gelfydd, ddiffinio peth o'r ofn a'r cariad a'r ffyddlondeb a'r drygioni sydd ynom ni a'n cymdeithas. Mae'n bur debyg fod rhai wedi cwyno ym 1946 hefyd mai creadur ffantastig oedd carcharor J. Gwilym Jones yn 'Y Garnedd Uchaf', ac na allai ysgol Sul Thomas Charles a Chymru Gwenallt a Lewis Valentine fyth fod wedi gwisgo cnawd amdano. Ta waeth am y cwynion, fe ŵyr y carcharor yn dda iawn i bwy y mae'n perthyn, sef i wlad yr *Herald Gymraeg* a'r *Faner,* a'r tu fewn i'r ymwybod hwnnw fe ŵyr sut y dringodd risiau pechod ei ddrwgweithredoedd a chyrraedd ei gell. Ac yn ysbeidiol rhwng y tameidiau o sgyrsiau a gaiff gyda chaplan y carchar, mae'n carpedu'r grisiau gyda'i gofion amdanynt, ei ddrwg yn erbyn ei fam, Phil bach, Lisa Jones, Lali Saunders, 'o ris i ris' i fyny i'r pinacl eithaf. Nid ei waith yn lladd Lali drwy droi'r nwy ymlaen a hithau'n cysgu yw'r pinacl uchaf iddo ef. O bosib mai Cymro ysgol Sul ei gyfnod yn unig a ystyriai fod ei anfadwaith olaf yn 'binacl': fel y mae teyrnfradwriaeth yn binacl ar bechodau un o Saeson cyfnod yr ymerodraeth, felly i'r Cymro hwn twyllo gweinidog a chwarae tric â gwas yr Arglwydd yw ei Wyddfa.

Hon yw'r stori anoddaf i'w dilyn drwy'r llyfr i gyd. Er bod saith llais yn 'Y Briodas', gan fod awgrym digamsyniol yn ei rhediad i ddynodi pwy sy'n 'siarad' nesaf, megis pan ofynnir ' "Pwy sy'n cyflwyno'r ferch hon i'w phriodi?" ' cyn i'r tad siarad, eir drwyddi'n hwylus. Ar ôl y sgwrsio agoriadol yn 'Cerrig y Rhyd', mae Absalom yn adrodd ei hanes yn y person cyntaf, a gan eithrio'r holi ac ateb rhyngddo a'i fam, fe yw'r adroddwr tan y llinellau diwethaf pan ailymddangosa Tomos ac Enid. Adroddir storïau Meurig a Glyn yn y trydydd person, a Sionyn biau 'Y Goeden Eirin'. Ond am 'Y Garnedd Uchaf', ceir adrodd yn y trydydd person, dialog rhwng y gweinidog a'r carcharor, cofion y carcharor yn y person cyntaf, a dramaeiddio golygfeydd o'i orffennol. Defnyddiodd John Gwilym Jones yr amryfal ddulliau hyn o roi'r stori ynghyd i awgrymu abnormalrwydd y meddwl diwylliedig sy'n cael boddhad esthetig yn nhrefn ei bechodau. A pheth arall, dim ond wrth amrywio'r dulliau hyn y mae'n dieithrio'r pechodau: wedi'r cyfan (heblaw am y llofruddiad), pechodau cyfarwydd, onid cyffredin, ydynt. Rhan o gyfaredd brawychus y stori hon i mi yw nad yw'r carcharor *mor* wahanol â hynny i bawb a fagwyd ar Fethodistiaeth a Daniel Owen, neu'r pethau sy'n cyfateb iddynt!

Mewn gwrthgyferbyniad i hon, mae'r stori 'Y Goeden Eirin' mor syml a golau â phelydrau cyfochr: mae Wil a Sionyn, y ddau efaill, yn ddau ac yn un tan y daw rhwystr ar draws eu rhediad; pan ddaw, adlamant oddi arno bob un i'w ffordd ei hun, gan barhau'n oleuni cyfan i'w mam o hyd. Mae'r syniad cychwynnol mor lân rywsut fel na allai'r un sgrifennwr ond crefftwr hynod o synhwyrfain weithio arno. Rhaid wrth gydbwysedd i gyflwyno'r efeilliaid—a sylwer mor ofalus y sefydla John Gwilym Jones eu hundod ar y dechrau:

> Mae Wil, fy mrawd, a minnau'n ddau efaill . . .
> Yr un *b*wyd a fwytai mam i'n cryfhau ni'n dau,
>   a'r un *b*oen yn union a deimlai wrth ein cario ni;
> yr un *a*mser yn union y symudasom ni'n dau,
>   a'r un *a*deg yn union y'n ganed ni.
> Yr un *d*wylo a'n derbyniodd ni,
>   ac yn yr un *d*ŵr y'n hymolchwyd ni.

Mae'r cydbwysedd a geir mewn cyflythreniad yn gyfarwydd i ni. Cryfheir hyn gydag *ailymgyrch* ('pan gymerir yn unrhyw sain yn nechrau, ac yn niwedd brawddeg'), sef ailadrodd 'Yr un' a 'ni'. A'r cyflythreniadau yn digwydd fesul pâr, tybiwn fod y sgrifennwr yn sôn am Wil yn naill ran y frawddeg ac am Sionyn yn y llall. O leiaf, dyna'r argraff a gefais i gyntaf. Ond cynhwysir hanes y ddau gyda'i gilydd yn nwy ran y frawddeg. A dyna'r nesaf y daw neb i fedru dynodi drwy sŵn a hyd brawddegau fod dau efaill yn ddau ac yn un.

Nid dyna'r unig enghraifft o gydbwyso sydd yn y stori. Mae'r ddadl rhwng Sionyn a Duw yn cydbwyso'n berffaith. A'r profiadau a rannodd gyda Wil yn eu plentyndod. Effaith y cydbwyso hwn yw peri i ni feddwl am Sionyn fel dyn sy'n gweld yn gyfochrog, nid mewn du a gwyn yn gymaint â mewn gwyn a gwyn ran amlaf, bendith ar ei ben e, megis pan ddywed

> er mai cleddyf sydd gan Wil a swch sydd gennyf innau, mae Wil yn ffeindiach peth na fi, ac mae gen i feddwl y byd o Wil, ac mae gan Wil feddwl y byd ohonof innau.

Gyda'r un symlrwydd cynhesol y siarada am Dduw, yn union fel pe bai Ef yn Gadeirydd y Cyngor Sir ac yn gymydog iddo. A phan restra gampau Duw yn creu'r 'haul a'r lleuad a'r sêr a'r môr', a'i ofal yn rhoi 'gwartheg i roi lloeau bach inni a llefrith, a defaid i roi ŵyn a gwlân a dillad cynnes inni, a chŵn i fod yn ffrindiau efo ni', bryd hynny mae'r symlrwydd yn troi'n ddiniweidrwydd plentynnaidd, y math o ddiniweidrwydd diolchgar a barodd i Adda enwi 'enwau yr holl anifeiliaid'. Athroniaeth Addafol yn fy marn i a gynhwysir yn y brawddegau hyn gan Sionyn hefyd :

> 'Dydw i'n beio dim ar Dduw, nac yn dal dim dig tuag ato fo. 'Rydw i'n barod i fwynhau ei bethau da fo, a rhaid bodloni ar y lleill.

Pam? Beth ddigwyddodd? Wel, y cwymp—fe gwympodd Adda o dan y goeden, ac fe gwympodd Sionyn oddi ar y goeden, a chollodd y ddau ohonynt yr olwg ar y byd a fu ganddynt gynt. Nid 'darllen i mewn' i'r stori yr wyf i, fel y beiwyd J. Gwilym Jones yn or-aml o ddarllen i mewn, na, y mae elfennau o fyth Eden yma : enwais y cwymp, a'r goeden. Mae'r goeden 'yn yr ardd' a 'Duw a'i plannodd hi yno', a hi, ebe Sionyn, 'Hi ddysgodd imi fod yna Ddiafol yn y byd'. Yr hyn a wnaeth yr awdur ynte oedd defnyddio myth y Cwymp fel y'i ceir yn Genesis yn gynsail i'w stori ef am wahaniad dau efaill sydd mor fodern â'r Ail Ryfel Byd ac eto mor hen yn hanes dynoliaeth â'r anadl cyntaf a boenodd o ble daeth drygioni. Impiodd gymeriadau eraill ar y cynsail, wrth gwrs—ni cheir y fam yn Eden, John Gwilym Jones biau

111

hi—ac ni ddefnyddiodd bob elfen o'r myth. Ond heb ei darllen hi yn y cyswllt hwn fe gollir dyfnder y teimlad a'r wefr a geir o ddeall mai brawddegau bore iawn yw brawddegau byrion, naïf Sionyn, a bod gwreiddyn y goeden go iawn yn sugno'i maeth o'r pridd y gwnaethpwyd Dyn ohono.

Dywedodd J. Gwilym Jones wrth Saunders Lewis yn *Crefft y Stori Fer* na fedrai 'na'r medr na'r ddawn' i sgrifennu am y bywyd beunyddiol a welai ef ar lechweddau Arfon. Beth a ddylai fod wedi'i ddweud, a pheth y cawn ni ei ddweud yn ei le, yw nad oedd ganddo hwyrach ddawn i lunio straeon am bobl Arfon fel y'u portreadwyd gan Kate Roberts, yr unig awdur straeon byrion a wnaeth gyfiawnder â'r chwarelwyr a'r tyddynwyr. Ond wrth droi ei olygon i mewn i ddyn, a threfnu busnes yr isymwybod yn grefftus ymwybodol, gan feistroli gwahanol ddulliau o gyflwyno'i syniadau, datgelodd fyd newydd i lenyddiaeth gyfoes Cymru, byd y mae'n nofelwyr ifanc yn eiddgar iawn i'w fapio, rai ohonynt yn bur llwyddiannus. Pe bai gofyn i mi roi un rheswm paham na chreodd J. Gwilym Jones gyfrolau eraill o straeon yn delio â'r byd hwn, mi ddywedwn fod y cyfuniad o'r syniadau dierth a'r trefnu taclus arnynt yn *Y Goeden Eirin,* y modd a'r mynegiant, mor synhwyrus sicr fel na fyddai'n werth i Mr. Jones amharu arno drwy greu un tebyg iddo. Mae rhai trysorau mewn bywyd, megis ambell unig blentyn, y mae'n beryglus onid yn ofer ychwanegu at eu harbenigrwydd. Credaf fod *Y Goeden Eirin* yn un ohonynt.

# Beirniadaeth Lenyddol John Gwilym Jones

## gan

## J. E. Caerwyn Williams

Yn gam neu'n gymwys nid oedd Robert Williams Parry yn felys ei fryd wrth edrych yn ôl ar droeon ei yrfa, a hynny'n bennaf, gellid meddwl, oherwydd, yn ei eiriau ef ei hun,

> Mi gefais goleg gan fy nhad,
> A rhodio'r byd i wella'm stad;
> Ond cefais gan yr hon a'm dug
> Fy ngeni'n frawd i flodau'r grug.

Hynny yw, oherwydd fod ei addysg a'r yrfa, a'i dilynodd hi, wedi tueddu i'w ysgaru oddi wrth y bywyd syml, gwledig, y teimlai ei fod wedi ei eni ar ei gyfer.

Tebyg iawn fu troeon gyrfa Mr. John Gwilym Jones i rai gyrfa R. Williams Parry. Gall yntau ddweud ei fod wedi ei eni'n frawd i flodau'r grug a'i fod wedi cael coleg gan ei dad a rhodio'r byd i wella'i stad. Mae nodyn o hiraeth yn ei ddisgrifiad o'r ysbeidiau a dreuliodd gyda'i nain yng Nghae Doctor, Llandwrog, yng nghanol gwlad amaethyddol, chwedl yntau:

> i mi, 'r oedd bywyd yn hawdd yno, yn goed cnotiog i'w dringo, yn afon i gosi'r brithyll o dan ei cherrig, yn ieir yn dodwy allan i chwilio am eu nythod, yn llorp i eistedd arni pan fyddai'r gaseg yn corddi, yn fuwch i'w ofnus odro, yn draeth unig o dywod clir yn Ninas Dinlle, yn daith hamddenol gynhyrfus mewn brêc i Gaernarfon unwaith yn y pedwar amser.

Ond hiraeth am blentyndod coll lawn cymaint ag am fywyd y wlad ydyw hwn, a gellid dyfynnu geiriau eraill i ddangos fod y bywyd cynnar yn y Groeslon a'r bywyd diweddarach i gyd wedi bod yn wefr ac yn wyrth i John Gwilym.

Gadael [Bangor] yn 1926 i fyned i ddysgu yn Llundain lle bûm am tua phedair blynedd yn mwynhau pob eiliad ohonyn' nhw! A hynny er bod y cyflog mor isel nes gorfod byw o'r llaw i'r genau . . . Ond er mor brin yr arian, llwyddais i weld ugeiniau lawer o ddramâu. Yr adeg honno gallech fynd i'r 'gods' am ychydig geiniogau ar ôl sefyll mewn ciw am hylltod. I fod yn onest, dod o Lundain gerfydd fy nghlustiau ar anogaeth fy rhieni a chael swydd yn Ysgol Ganol, Llandudno. Bûm yno am tua phedair blynedd ar ddeg. Oddi yno i Ysgol Sir Pwllheli—ysgol a thre yn union wrth fodd fy nghalon a'm natur. Er mwyn dod yn nes adref, deuthum i Benygroes, fy hen ysgol. Braidd yn anesmwyth yno—dim rheswm yn y byd chwaith!—a thrïo am swydd cynhyrchydd sgyrsiau gyda'r Gorfforaeth Ddarlledu. Ei chael, a chyn hir cael y cyfle i gynhyrchu dramâu. Bûm yno am bron i bum mlynedd, ac yna bod yn wyrthiol o ffodus i gael swydd Darlithydd yn Adran y Gymraeg ym Mangor. Byddaf yn ymddeol ymhen blwyddyn, eto wedi mwynhau pob eiliad o'r profiad (*Mabon*, III).

Mae'r afiaith sydd wedi bod yn edau gyfrodedd ym mywyd John Gwilym yn cael mynegiant clir yn y geiriau hyn, a dyna un pwrpas i'w dyfynnu, ond efallai y caniateir sylw nid amherthnasol arnynt—sef nad yw ei hanes diweddarach yn ei gwneud yn hawdd coelio mai anogaeth ei rieni oedd yr unig beth a'i dug yn ôl o Lundain i'r Groeslon. Gwyddys ei fod wedi dioddef pyliau o hiraeth am y Groeslon yn Llundain ac mai un ffordd a oedd ganddo o leddfu hwnnw cyn mynd i gysgu'r nos ydoedd ymweld yn ei feddwl â phob aelwyd yn y Groeslon gan ddechrau o dan y rheilffordd, dros y groesffordd i fyny hyd at Bryn-rhos, a'r adeg honno gallai weld pob aelwyd a phob dodrefnyn o'i chwmpas yn glir yn llygad ei gof, fel nad ydyw'n annheg ei atgofio ei fod wedi mynd â'r Groeslon gydag ef i Lundain, ac nad yw'n syndod yn y byd fod ei bentref genedigol wedi ei dynnu'n ôl o Lundain ac wedi ei gadw byth er hynny. Ar y llaw arall, mae'n wir dweud ei fod wedi cadw cysylltiad â Llundain ar hyd y blynyddoedd, a'i fod wedi dod â'r brifddinas yn ôl gydag ef i'r Groeslon. O ganlyniad y mae'n gyfuniad o lenor y filltir sgwâr fel D. J. Williams, ac o lenor y byd cosmopolitan fel Saunders Lewis, ac nid yw'n syndod fod ei ddramâu yn portreadu argyfyngau deiliaid prifddinasoedd Ewrop a hynny ar aelwydydd y Groeslon. Wrth drafod ei storïau byrion gyda Saunders Lewis, a diau fod yr un peth yn wir am ei nofel a'i ddramâu, dywed 'Yno, (h.y. Plwy' Llandwrog) y gwelwn bopeth yn digwydd. Caeau a nentydd ac afonydd a bryniau a thai a chapeli yr ardal yma y ceisiais i eu disgrifio, a hynny wrth eu henwau hefyd.' Mae hyn oll yn dangos fod John Gwilym wedi ei waddoli â'r gallu i gymathu ei brofiadau'n hapus iawn, ac fel y gellid disgwyl, y mae rhyw gysondeb ac unrhywiaeth yn ei weithgareddau. Dyna pam na ellir deall ei weithgarwch fel beirniad ar wahân i'w weithgarwch fel llenor,—awdur dramâu, storïau byrion, a nofel,—nac ychwaith ar wahân i'w weithgarwch fel athro ysgol a darlithydd, cynhyrchydd sgyrsiau i'r Gorfforaeth Ddarlledu a chynhyrchydd dramâu iddi hi, i Gymdeithas Ddrama Coleg y Gogledd ac amryw gymdeithasau eraill.

Efallai mai ei weithgarwch fel llenor sydd wedi dylanwadu fwyaf ar ei weithgarwch fel beirniad. Yn wir, dyna a ddisgwylid, ac yn y cyswllt hwn, mae'n werth pwysleisio mai llenor Cymraeg ydyw yn gyntaf ac yn olaf. Fe'i ganed i'r un rhan o Gymru â rhai o lenorion amlycaf ein hoes ni, R. Williams Parry, T. H. Parry Williams, Kate Roberts, Thomas Parry a Gwilym R. Jones —i'w henwi yn ôl trefn eu hoedran—a gellir dweud amdano, fel am bob un o'r rhain, fod ei fagwraeth wedi bod mor drwyadl Gymraeg a Chymreig, fel yr oedd yn anochel mai llenor Cymraeg fyddai, os llenor o gwbl.

Mae ambell lenor o Gymro wedi dweud ar goedd mai mater o ddewis bwriadol iddo ef oedd penderfynu pa un ai Cymraeg ai Saesneg fyddai ei gyfrwng mynegiant llenyddol. Dewis o'r math hwn sy'n cyfrif fod Pennar Davies a Bobi Jones yn ysgrifennu yn Gymraeg, a llenorion fel Glyn Jones a Goronwy Rees yn ysgrifennu yn Saesneg. Mae geiriau Goronwy Rees yn crynhoi'r mater i gwmpas bychan :

But however vague my ideas of how I was to satisfy my literary ami-
tions, or even, indeed, of what it really means to be a writer, they were
already sufficiently clear to me to make me face the choice which
presents itself to every young Welshman with the same heritage and
upbringing as myself; it was the choice of whether to write in English

or Welsh, either of which, at that time, would still have been possible to me. Nor was this simply a choice between two languages, entailing no further consequences. For every language has its own particular genius, and the language which one writes and speaks very largely dictates what one thinks and what one feels. There are things which can be said in Welsh which cannot be said in English, just as there are things which can be said in English that cannot be said in Welsh, and in choosing a language one is not only choosing a vocabulary and a syntax but what one can say with them. Otherwise, the problem of translation would not remain the almost insoluble one that it is.

Credaf fod geiriau Goronwy Rees yn werth eu hystyried yn ofalus ac yn feirniadol. Er enghraifft, gellid amau ei osodiad mai mater o ddewis yn unig oedd ei benderfyniad ef i sgrifennu yn Saesneg. Er ei fod yn fab i weinidog yng ngwasanaeth y Methodistiaid Calfinaidd, mae ei hanes yn awgrymu fod yr aelwyd, y maged ef arni, fel aelwyd llawer gweinidog arall gyda'r un cyfundeb yn y cyfnod hwnnw, yn fwy Seisnig na Chymreig, ac y byddai penderfynu sgrifennu yn Gymraeg wedi bod yn annisgwyl iawn ganddo ef.

Heblaw hynny, a chaniatáu, fel y dylid, ei bod yn bosibl dweud rhai pethau yn Gymraeg na ellir eu dweud yn Saesneg a rhai pethau yn Saesneg na ellir eu dweud yn Gymraeg, mae'n gymaint o sialens i lenor ddweud yr hyn a fynno ei ddweud, yn y naill iaith ag ydyw yn y llall. Gellid dweud amdanom ni, y rhai nad ydym yn honni bod yn llenorion, ein bod ni'n dweud llawer o bethau mewn ffordd na fynnem ac am hynny'n dweud rhai pethau na fynnem mo'u dweud, am y rheswm syml mai dyna'r ffordd arferol neu'r ffordd hawsaf o'u dweud, yr unig ffordd y gwyddom ni amdani. Rhan o gamp y llenor, y gwir lenor, yw na fyn ddefnyddio unrhyw ffordd o ddweud rhywbeth ond yr *union ffordd* sy'n gweddu i'r hyn y myn ei ddweud, a gall hynny fod mor anodd yn y naill iaith ag yn y llall, a llawn cymaint o sialens. Nod amgen y llenor ydyw ei fod yn mynnu bod yn feistr ar ei iaith a'i fod yn barod i'w defnyddio hyd eithaf gallu ei feistrolaeth arni, a gorau oll os yw eithaf gallu ei feistrolaeth ef yn estyn eithaf ei gallu hithau ar y pryd.

116

Yn sicr, 'r oedd a fynno'r ffaith mai yn Aberystwyth a Chaer-
dydd y treuliodd Goronwy Rees ei fachgendod rywbeth â'i ddewis
o Saesneg yn union fel yr oedd a fynno ei fagu yn y Groeslon â
dewis John Gwilym o Gymraeg. Ni ellir dweud am Aberystwyth
a Chaerdydd yr hyn y gellir ei ddweud am bentref Groeslon, sef
ei fod tan yn gymharol ddiweddar yn un o gadarnleoedd y
Gymraeg, gyda'r wlad o'i gwmpas, yn bobl ac yn dir, wedi ei
mwydo yn yr iaith.

Heblaw hyn, nid oes dwywaith nad oedd gwahaniaeth mawr
yn y ffordd y daeth y ddau i ymgydnabod â'r Saesneg. Fel y
dangosodd John Gwilym, 'r oedd y gyfundrefn addysg at ei
gilydd yn Saesneg yn Arfon, mor Saesneg ag yr oedd yng
Ngheredigion, a bron mor Saesneg ag yr oedd yng Nghaerdydd,
ond, ac y mae hyn yn bwysig, yr oedd llawer llai o gyfle ac o
alw i blentyn siarad Saesneg yn Arfon nag yn Aberystwyth a
Chaerdydd. Dyma dystiolaeth John Gwilym:

> Yr hyn sy'n fy synnu yw fy mod—a phawb arall hefyd, mae'n ddigon
> tebyg—yn ysgrifennu Saesneg yn ddigon taclus a chywir. Dyma
> enghraifft, 'Late in the evening the poet reached home. He had been
> to a concert and had been enchanted with the admirable songs of a
> famous violin player whom he had heard there.' Yr hyn sy'n arwydd-
> ocaol ac yn dangos y gwahaniaeth sylfaenol rhwng ddoe a heddiw, yw
> na chymerwn i mo'r byd â'i siarad hi. Hyd yn oed ar ôl pum mlynedd
> o ysgol ganolraddol a minnau'n fy nghael fy hun yng Ngholeg y Brif-
> ysgol ym Mangor, os gwelwn i rywun yr oedd gofyn siarad Saesneg ag
> ef, mi gloywn i hi drwy'r agoriad cyfleus cyntaf i'w osgoi. 'R wy'n
> dweud hyn am fy mod yn siŵr ei fod yn brofiad i'r mwyafrif o'r un
> oed â mi yn y cyfnod hwnnw.

Gan fy mod wedi dechrau cymharu addysg y ddeuddyn hyn
(ac eisoes wedi cymryd mwy o ofod nag a ddylwn i ragymadroddi)
cystal i mi fynd gam neu ddau ymhellach. Mae'r ddau'n canmol
yr addysg ysgol a gawsant, John Gwilym yn dweud am ei ysgol,
''rwy'n siŵr na raid i ysgol fach dlawd ei hadnoddau peiriannol
ein hoes ni gywilyddio: fe gyfrannodd yn gyfoethog i fywyd
Cymru a'r byd i gyd', a Goronwy Rees yn dweud am ei athrawon
ysgol ef, 'consciously or unconsciously they drew the conclusion

**117**

that they could best serve their pupils by concentrating on the one function they were in a position to discharge most effectively: that is to say, the task of inculcating the highest intellectual standards which their pupils were capable of absorbing and of providing them with the basis of knowledge which they would require if they were to achieve either success or pleasure in life.' Ond y tebyg yw fod peth o'r clod a rydd y ddau mor hael i'w hysgolion, yn ddyledus iddynt hwy eu hunain am fedru manteisio mor helaeth arnynt, a sut bynnag, yn achos y naill fel y llall, yr oedd y synwyrusrwydd a bwysleisiodd T. S. Eliot fel un o'r amodau pennaf yn natblygiad pob deallusrwydd, yn elfen gref yn eu twf hwythau. Fel y cofir, fe ddywedodd Eliot fod dynion yn aeddfedu orau drwy brofiadau sydd yn synhwyrus yn ogystal ag yn ddeallol, ac yn sicr fe eddyf llawer dyn fod ei syniadau craffaf wedi dod iddo ag ansawdd canfyddiad un o'r synhwyrau, a bod ei brofiadau synhwyrus dwysaf wedi dod oherwydd fod y corff fel petai'n meddwl ('as if the body thought').

Nid wyf yn tybied y gellir amau nad oedd gan y bachgen John Gwilym synwyrusrwydd y tu hwnt i'r cyffredin. Onid o adnabyddiaeth o'i synwyrusrwydd ef ei hun fel plentyn y priodola synwyrusrwydd i Caleb yn *Y Dewis*?

Parhâi aroglau merfaidd yr arch o hyd yn y tŷ—feallai y parhâi am byth. Feallai mai o hyn ymlaen mai aroglau'r arch fyddai ym Mhant Celyn ddydd a nos i'w atgoffa am ei dad. Na—ni allai hynny fod! Cofiodd sylwi rywdro fod gan bob tŷ ei arogleuon arbennig ei hun. Gwyddai sut arogleuon oedd yn Nhŷ Fry ac yn y Berllan Wen, ac ym Meysydd Hirion. Nid oedd ganddo eiriau i'w disgrifio; er hynny sylweddolai eu bod yno, a bod pob un ohonynt yn wahanol. Yr oedd rhyw aroglau yn eu tŷ hwythau hefyd, mae'n siŵr, ond am na ddosbarthodd ef hwnnw, ni sylwai arno. Yr oedd wedi cynefino ag ef. Cyn hir fe gynefinai ag aroglau'r arch, ac fe'i hanwybyddai. Ac wrth ei anwybyddu, fe'i hangofiai—anghofio'i dad. Yr oedd y syniad yn ffiaidd, ac eto'r oedd y peth yn bosibl. Peth rhyfedd oedd cynefino ag unrhyw beth. I ddechrau, yr oedd y peth yn newydd, a meddwl dyn arno ddydd a nos. Deuai i'r dyn brofiadau newydd. Cyn bo hir, byddai'r peth yn llai newydd, a llai o brofiadau'n deillio ohono; ac yn fuan byddai'r peth yn hen fel bwyta ac yfed, a chysgu a deffro, a siarad a chanu, ac ni fyddai o ddim diddordeb i ddyn ynddo'i hun, ond yn unig fel ffordd i gyrraedd rhywbeth arall. Beth pe deuai dydd rywbryd pan na fyddai dim byd newydd byth mwy, na gair, na nodyn, nac aroglau, na golygfeydd, na blas, na sŵn? Pan fyddai dyn wedi profi pob beth sy'n bosibl ei brofi ar y ddaear—pan fyddai dyn wedi cynefino â phopeth, ac ni byddai eto iddo ddim profiadau newydd? (*Y Dewis*).

Fel y cawn weld eto, mae John Gwilym y beirniad yn rhoi lle mawr i synwyrusrwydd yn arfogaeth y llenor, a rheswm da paham.

Un o gyfryngau ei addysg ef oedd yr ysgol, y llall ydoedd y capel, ac os ydyw'n wir fel y dywedodd un beirniad o bwys, 'In the decay of Protestantism is to be found the chief clue to our understanding of modern English literature', nid amherthnasol nodi fod John Gwilym wedi byw drwy gyfnod o ddirywiad Protestaniaeth yn y Groeslon fel yng Nghymru ben-baladr, a bod y capel wedi bod yn eithriadol bwysig yn ei hanes ef. Yn un peth fel cyfrwng addysg—fe gyfadferodd y capel i raddau helaeth am ddiffyg Cymreictod ei addysg yn yr ysgol ddyddiol.

Fe roddodd i mi barch at eiriau wrth i lifeiriant gymen o iaith Gymraeg rywiog, hyblyg, urddasol, dreiddio, heb i mi wybod hynny, i berfeddion fy nghyfansoddiad . . .

Ac fe roes rwndwal o wybodaeth feiblaidd iddo.

Fe roddodd gefndir o wybodaeth feiblaidd a diwinyddol i mi na fedrwn hebddo ymateb yn gymharol rwydd i Gristnogion o feirdd fel Pantycelyn ac Euros Bowen a Gwenallt Jones sydd mor fyw eu cyfeiriadaeth feiblaidd, nac, yn wir i ddramodwyr o anghredinwyr fel Samuel Beckett sydd yr un mor fyw.

Ond at hynny fe wnaeth iddo 'sylweddoli fod ymlyniad wrth gredoau a chonfensiynau na fedraf hwyrach heddiw eu derbyn, eto ar yr un pryd yn rhoi sefydlogrwydd a selogrwydd i gymdeithas, a phwrpas ac ystyr i'w bywyd'. Y mae'n ymhlyg yn hyn mai dyma a roes iddo'r ymdeimlad o beth a olygodd colli ffydd i wareiddiad y Gorllewin.

Yr wyf yn lled amau hefyd nad yw John Gwilym, y gŵr yn ei fan, wedi bod mor ddi-ddiddordeb mewn diwinyddiaeth ag yr honna ar adegau—wedi'r cwbl, drwy ddiwinyddiaeth y mae'r rhan fwyaf ohonom ni, Gymry, wedi dynesu at athroniaeth—yn wir, fe ddywed ef ei hun:

> mae ymadroddion fel os o amheuaeth ac os o gadarnhad a ffydd weith-redol a ffydd heb weithredoedd a dadlau p'run ai edifeirwch ynteu maddeuant sy'n dod gyntaf, a ph'run ai cyfiawnder ynteu tosturi Duw sydd gryfaf ac amryw byd arall o ystyriaethau diwinyddol tebyg iddyn nhw, a'r rheini'n profi darllen a myfyrio deallus, yn rhan o'm cyfansodd-iad.

Ac mewn man arall:

> . . . fel yr adnabûm i ef [ymennydd Methodistiaeth Gymreig] ar ei orau—a dim ond ar ei orau y mae gan neb hawl i feirniadu dim— 'd oedd yna fawr o'i le arno.

Yn raddol y daeth John Gwilym i ymglywed â chyfoeth y traddodiad llenyddol Cymraeg. Mae'n debyg mai yn y chweched dosbarth y dechreuodd. Dywed am ryw Mr. Davies, 'athro Saesneg a Chymraeg a Daeareg a dau neu dri o bynciau eraill yn eu tro', a'r 'darllenwr mwyaf ysgytiol cynhyrfus' a glywodd yn ei ddydd, mai hwnnw a roes iddo wefr *llenyddiaeth* gyntaf, ac am Miss P. K. Owen, a ddaeth yn athrawes Gymraeg arno yn y chweched dosbarth (neu ddosbarth yr *Higher*), mai hi a roes iddo wefr *llenyddiaeth Gymraeg*—cofia fwynhau 'Y Môr Canoldir a'r Aifft*, rhywfaint o'r *Bardd Cwsg*, "Cywydd y Farn Fawr", *Telynegion Maes a Môr*', a chofia hefyd mai 'Miss Owen gyda'i greddf sicr mai creu rhywbeth eich hun yn hytrach na chyfogi ffeithiau yw gwir addysg, a ofynnodd i mi ysgrifennu drama.'

Fe ddysgodd yn yr Ysgol 'beth wmbreth o ramadeg' y Gymraeg, gan gynnwys y saith ffordd o ffurfio lluosog enwau, y rhagenwau mewnol, y trydydd person unigol Amser Presennol, etc., etc., yn y chweched dosbarth, a chafodd ddognau helaethach o Ramadeg, Gramadeg Hanesyddol, ynghyd â Hengerdd yn y Coleg ym Mangor, ond nid llawer mwy nag a gawsai yn yr Ysgol o waith y Bardd Cwsg, Goronwy Owen a'r Cywyddwyr. Yn anffodus, nid oedd dim pwyslais yn y cwrs Cymraeg yn y Coleg, yr adeg honno nac am ychydig o flynyddoedd wedyn, ar ysgrifennu creadigol; nid oedd yno neb i ofyn iddo gyfansoddi stori neu nofel neu ddrama, a'r unig flewyn glas iddo yn y ffâr a gynigid yno ar y pryd ydoedd cyfle i ymddiddori yn y ddrama drwy gyfrwng Cymdeithas Ddrama Gymraeg y Myfyrwyr, a chyfle i sgwrsio am lenyddiaeth ynghyd â phopeth arall dan haul gyda'i gyd-fyfyrwyr, Thomas (yn awr Dr. Thomas) Parry, Meirion Roberts ac eraill.

Rheidrwydd a aeth ag ef i Lundain, rheidrwydd cael swydd fel athro ysgol, ond fel y digwyddodd, trodd y rheidrwydd yn fendith. Fe sylweddolodd fod iddo gyfle yno i weld dramâu gorau'r dydd yn cael eu hactio gan actorion gorau'r wlad, ac achubodd y cyfle â'i ddwy law. Aeth i weld ugeiniau o ddramâu, rhai ohonynt dro ar ôl tro, ac aeth ati i astudio theatr ben bwygilydd, yn llwyfannu a goleuo, coluro a gwisgo, actio a chynhyrchu, ac ysgrifennu dramâu.

Heblaw hyn, dechreuodd ddarllen llenyddiaeth ddramatig a llenyddiaeth yn gyffredinol—dywed yn ei sgwrs â Saunders Lewis mai flynyddoedd ar ôl gadael y Coleg y dechreuodd ddarllen y beirdd a'r llenorion Saesneg diweddar—a beirniadaeth lenyddol, yn y drefn yna. Meddai wrth y Dr. Gwyn Thomas:

Ers blynyddoedd bellach bûm yn ymddiddori yn ffanatig bron mewn darllen gweithiau beirniaid llenyddol ac egwyddorion beirniadaeth lenyddol. 'R wy'n fy mherswadio fy hun i hyn fod yn lles i'r ychydig o waith creadigol a wnaf. 'R wyf yn gwybod beth y dylid ei wneud, beth bynnag am fedru ei wneud.

Gwyddys fod John Gwilym wedi bod yn darlithio ar feirniadaeth lenyddol fel cwrs anrhydedd er 1953, a'i fod wedi bod yn ymlafnio â'r clasuron yn y maes, yr hen rai megis Aristotle, Horace a Quintilian, yn ogystal â'r rhai diweddar megis Coleridge, T. S. Eliot, ac I. A. Richards, ond yr oedd wedi dechrau ymddiddori ymhell cyn hynny, oblegid un o'i gyfraniadau arbennig fel cynhyrchydd sgyrsiau i'r Gorfforaeth Ddarlledu ym Mangor ydoedd nifer lluosog a safon uchel y sgyrsiau llenyddol a gomisiynodd ac a gynhyrchodd, ac y mae rheswm da dros gredu fod ei waith fel athro ysgol—a chofier mai Saesneg oedd ei bwnc am y rhan fwyaf o'i yrfa fel athro ysgol—wedi ei gymell i ymddiddori yn y gwaith o ddadelfennu a gwerthfawrogi cynhyrchion y gelfyddyd lenyddol.

At hyn dylid cofio mai gweithgarwch cymharol ddiweddar ydyw beirniadaeth lenyddol yn ein hystyr ni: y mae o ran ansawdd yn wahanol i feirniadaeth lenyddol canrifoedd y gorffennol, a gellir dweud ei bod yn cychwyn gyda chyhoeddi llyfr T. S. Eliot, *The Sacred Wood*, yn 1920, a llyfr I. A. Richards, *Principles of Literary Criticism*, yn 1924.

O ran swmp, yn ogystal ag o ran ansawdd, mae beirniadaeth y ganrif hon ymhell ar y blaen i feirniadaeth lenyddol unrhyw ganrif flaenorol, yn wir, fe ddywedwyd fwy nag unwaith mai hi yw cyfraniad deallusol nodweddiadol yr oes, ond beth bynnag am hynny, rhaid cydnabod nad rhagoriaeth gallu ein beirniaid sy'n cyfrif am y gwahaniaeth rhwng ein beirniadaeth ni a beirniadaeth pob oes flaenorol, ond yn hytrach rhagoriaeth yr wybodaeth sydd gan y rheini at eu galwad wrth feirniadu. Bu chwyldro nid bychan yn ein ffordd o edrych ar iaith, ar ei gramadeg, ei chystrawen, ei hieitheg, etc., ond at hynny bu chwyldro mwy fyth yn ein ffordd o edrych ar feddwl dyn, ar berthynas y meddwl hwnnw â'i amgylchfyd, yn arbennig ei berthynas â chymdeithas, h.y., y mae seicoleg, anthropoleg a chymdeithaseg wedi dod i'w teyrnas.

Y pedwar gwron y gellid edrych arnynt fel ffurfwyr a moldwyr y meddwl modern, Darwin, Marx, Freud a Frazer, y maent oll wedi dylanwadu, bob un yn ei ffordd ei hun, ar feirniadaeth lenyddol: Darwin trwy ddangos fod dyn yn perthyn i drefn natur a bod diwylliant, fel popeth dynol arall, yn datblygu; Marx drwy ddangos fod llenyddiaeth yn adlewyrchu ffurfiau cymdeithas a'i moddion ymgynnal; Freud drwy ddarganfod yr isymwybod a'r modd y mae'n dylanwadu ar yr ymwybod ac ar ei ffurfiau mynegiant; a Frazer drwy ddangos fod myth, defodaeth a swynyddiaeth gyntefig wrth wraidd rhai o themâu a phatrymau aruchaf llenyddiaeth.

Heddiw fe dynnir beirniadaeth lenyddol i ddau gyfeiriad hollol wahanol— i gyfeiriad gwyddoniaeth ac i gyfeiriad democratiaeth. Mae'n amlwg oddi wrth agwedd rhai beirniaid, wrth y technegau a ddefnyddiant ac wrth eu gofal parhaus i gywreinio'r technegau hynny, y carent hwy weled beirniadaeth yn cyrraedd statws un o'r gwyddorau, fel y byddai'r holl ddulliau a ddefnyddir wrth feirniadu, yn wyddonol, a'r canlyniadau mor wrthrychol ag unrhyw ganlyniadau i arbrofion mewn labordy. Anodd gweld y dydd yn gwawrio pan na fydd rhyw gymaint o'r elfen oddrychol mewn beirniadaeth lenyddol, ond a barnu wrth gwrs beirniadaeth y presennol gellir rhagweld y cywreinir ei thechnegau fwyfwy nes y bydd ei dulliau'n mynd yn gynyddol wyddonol, ac os nad yn llai goddrychol, yn llai mympwyol.

Wrth ddweud fod beirniadaeth lenyddol yn cael ei thynnu i gyfeiriad democratiaeth, yr hyn a olygir ydyw fod y beirniaid, neu lawer ohonynt, fel petaent yn credu fod modd dysgu i'r dyn cyffredin ddigon o feirniadaeth lenyddol i'w wneud yn feirniad llenyddol drosto'i hun ac mai'r delfryd ydyw: pob darllenwr llenyddiaeth yn feirniad llenyddol. Anodd gweld sut y gellir sylweddoli'r delfryd, ond nid oes gwadu nad ydyw'n ddeniadol i lawer.

Pwysleisiwyd drosodd a throsodd nad pwrpas y beirniad llenyddol ydyw dod rhwng y darllenydd a'r gwaith llenyddol ond yn hytrach o lawer arwain y darllenydd i adnabod y gwaith hwnnw, i'w werthfawrogi am ei rinweddau a'i feirniadu am ei wendidau. Yn y gorffennol buwyd yn rhy barod i gasglu gwybodaeth am y gwaith llenyddol, ei awdur, ei gyfnod, ei ffynonellau, etc., ac i esgeuluso astudio'r gwaith llenyddol ei hun, ac yr oedd yn hen bryd newid hyn oll; yn wir, aeth rhai ymlaen, ac nid heb beth rheswm, i ddweud mai dyna fai addysg yn gyffredinol— casglu gormod o wybodaeth, a llyncu gormod o ffeithiau yn unswydd er mwyn eu cyfogi, chwedl John Gwilym, adeg arholiad, a meithrin rhy ychydig o farn ac o chwaeth, a chan fod llenyddiaeth yn rhan ganolog o'n diwylliant, dadleuwyd mai'r ffordd

orau i weddnewid ein ffordd o hyfforddi ydyw defnyddio astud-
iaeth o lenyddiaeth drwy feirniadaeth lenyddol fel craidd i addysg.
Dyna'n fras safbwynt F. R. Leavis, un o feirniaid mwyaf
dylanwadol Lloegr. Dadleuodd ef mai gwaith cyntaf unrhyw
Ysgol Saesneg go iawn mewn prifysgol ydyw hyfforddi myfyrwyr
yn y gallu i ddarllen, ac wrth hyfforddi yn y gallu i ddarllen,
golyga ef 'the training of perception, judgment and analytic skill
commonly referred to as "practical criticism"—or, rather, the
training that "practical criticism" ought to be.' Digwydd y geiriau
hyn yn 'A Sketch for an English School', lle maentumiodd hefyd
fod y cyfryw ysgol yn anhepgor, os ydyw'r Syniad o Brifysgol
('The Idea of a University') i'w gadw'n fyw o gwbl. Ceir y cefn-
dir i'w ffordd o feddwl yn y dyfyniad hwn :

> The essential discipline of an English School is the literary-critical;
> it is true discipline, only in an English School if anywhere will it be
> fostered, and it is irreplaceable. It trains, in a way no other discipline
> can, intelligence and sensibility together, cultivating a sensitiveness and
> precision of response and delicate integrity of intelligence—intelligence
> that integrates as well as analyses and must have pertinacity and staying
> power as well as delicacy.[1]

Nid yw'n rhyfedd fod Leavis wedi bod yn ddylanwad mawr ar
ddysgu Saesneg a'i llenyddiaeth yn yr ysgol a'r prifysgolion—
prin fod yr un adran Saesneg ym mhrifysgolion y wlad lle nad
oes o leiaf un aelod o'r staff yn ymarddel fel 'Leavisite'—ac y
mae'n sicr ei fod wedi bod yn ddylanwad ar John Gwilym, yn
wir, bron na ellir dweud fod John Gwilym erbyn hyn wedi cyr-
raedd yng Nghymru ac ym Mhrifysgol Cymru safle nid annhebyg
i safle Leavis yn Lloegr a Phrifysgol Caer-grawnt.

Mae ef mor eiddigeddus dros hawl llenyddiaeth Gymraeg i
gael ei dysgu yng Nghymru ag yw Leavis dros hawl llenyddiaeth

---

[1] Am safbwynt gwahanol cymh.: 'Read literature, but also read ethics; read
poetry, but also read theology or philosophy; read aesthetic objects, but also law
and sociology. These things must intertwine before one can have a true
culture, social or personal. Literature, like art, cannot of itself provide
principles of behaviour, that is, of *mores*.' (R. Peacock, *Criticism and
Personal Taste*.)

Saesneg yn Lloegr. Dechreuodd ei erthygl ar 'Enoc Huws' yn *Ysgrifau Beirniadol,* II, â'r geiriau:

> Dagrau pethau yng Nghymru yw fod yma gymaint o bobl mor gibddall nes bod gofyn eu darbwyllo y gellir bod mor ddiwylliedig ar ôl astudio Cymraeg fel pwnc ag ar ôl astudio unrhyw iaith dan haul.

Fe âi ef ymhellach na hyn a thaeru, fel y gwna llawer ohonom, mai unig lwybr diwylliant i lawer iawn o blant Cymru yw'r llwybr sy'n arwain drwy borth llenyddiaeth Gymraeg.

Cyn gadael Leavis, fe hoffwn i bwysleisio un tebygrwydd arall rhyngddo ef a John Gwilym. Oherwydd ei gonsarn dros Lenyddiaeth Saesneg aeth Leavis i gonsarnio am natur prifysgol a dyfodol y diwylliant Seisnig. Petai'r Saesneg dan gysgod perygl difodiant, diamau y byddai Leavis gyda'r mwyaf eiddgar yn ymladd o'i phlaid: un o rinweddau astudiaethau llenyddol, meddai ef, yw eu bod yn cyson arwain dyn y tu allan iddynt hwy eu hunain. Ni ddylem synnu, felly, fod John Gwilym, yntau, wedi ei theimlo'n rheidrwydd arno ymdrechu dros barhad yr iaith a bod o'r dechrau yn gefnogwr Cymdeithas yr Iaith yn ogystal ag yn genedlaetholwr. Iddo ef,

> Mae iaith a chenedl yn gyfystyr. Nid yw'r naill yn bod heb y llall. Y maen nhw fel y gwelodd Daniel Owen mewn cyffelybiaeth fendigedig am Domos a Barbara Bartley ym mreichiau ei gilydd fel dwy gneuen gonglog. Angau'r naill neu'r llall yn unig a eill eu gwahanu, ac y mae angau un yn angau i'r llall.

Petai cenedl y Cymry'n colli'r Gymraeg,

> cenedl fyddai heb rith o gysylltiad â thrysorau llenyddol ein gorffennol, yn union fel y mae Ffrancwyr neu Almaenwyr neu unrhyw genedl arall heb gysylltiad â'n gorffennol llenyddol ni, cenedl a fyddai'n fyddar i ynni creadigol Taliesin, cenedl yn farw i wefr storïol y Mabinogi, cenedl y byddai dyfalu synhwyrus a direidi beiddgar Dafydd ap Gwilym yn golledig iddi, a chenedl y byddai angerdd sanctaidd Williams Pantycelyn yn ddim ond geiriau dieithr yn colli eu lliw mewn hen lyfr emynau o dan wydr a than glo yn nistawrwydd difywyd amgueddfa. Heb Gymraeg, dyna ddiwedd ar ryfeddod a chyfrinach fanwl Cerdd Dafod—dim englynion bellach, dim cywyddau, dim hir-a-thoddeidiau, dim awdlau.

**125**

Bellach dim cyfle i weld y wennol 'fel arf dur yn gwanu'r gwynt,' na gweld y môr fel 'parlyrau'r perl, erwau'r pysg' nac Ynys Afallon lle mae 'gwiw foes Ac anadl einioes y genedl yno'.

Do, fe sylweddolodd yntau'n drist:

Dydi iaith ddim yn anorfod anfarwol. Nid môr neu fynydd ydi hi sy'n medru bodoli heb ymyriad dyn. Mae pobl yn marw, ac oni throsglwyddir iaith o rieni i blant, ac o'r plant i'w plant hwythau, 'd oes dim ond marw i'r iaith hefyd.

Nid wyf yn rhagweld y bydd unrhyw un, sy'n debyg o ddarllen y geiriau hyn, yn gofyn, Beth sydd a fynno syniadau John Gwilym am ddyfodol yr iaith ag ef fel beirniad llenyddol? ond rhag ofn, gadewch i mi ddweud yn bendant, nad ydym byth yn deall llen-yddiaeth drwy foddion llenyddol yn unig, ddim mwy nag y deallwn ni ddŵr drwy ei yfed yn unig, drwy ei ddadelfennu'n gemegol yn unig, drwy edrych arno'n unig, neu drwy ei argau yn unig. Na. 'It is the unified mind and sensibility that is engaged in the act of understanding; the act is imaginative; and to try to compartmentalize the act so as to emphasize one faculty over another is to invalidate the imagination and abort the act.' ( R. P. Blackmur). Fel y dywedodd T. S. Eliot, tra na allwn ni ddweud fod gwaith yn *llenyddiaeth* ond wrth safonau llenyddol, ni allwn ddweud a ydyw'n *llenyddiaeth fawr* namyn wrth safonau heblaw rhai llenyddol, ac at farnu'r rheini, y mae'n rhaid i'r beirniad ganolbwyntio holl adnoddau ei bersonoliaeth.

Fe'n harweiniwyd ni at y pwynt diwethaf drwy gymharu John Gwilym â Leavis, ond y mae byd o wahaniaeth rhyngddynt fel beirniaid llenyddol, oblegid tra nad yw Leavis yn ddim ond beirniad, y mae John Gwilym yn feirniad a llenor creadigol ac y mae hyn yn gwneud gwahaniaeth sylweddol.

Fe'n hatgoffwyd gan F. O. Matthiessen fod T. S. Eliot fel beirniad llenyddol yn Saesneg yn perthyn i brif linell y beirdd-feirniaid sy'n rhedeg o Ben Jonson a Dryden drwy Samuel John-son a Coleridge hyd at Matthew Arnold, a phwysleisiodd mai'r ffaith ei fod yn grefftwr yn siarad o wybodaeth bersonol am ei grefft sydd wedi rhoi i Eliot ei awdurdod arbennig fel beirniad. Gellir dweud rhywbeth tebyg am John Gwilym: oherwydd ei fod yn ddramodydd, yn nofelydd, yn storïwr byr, y mae pobl wedi bod yn barotach i wrando arno nag y buasent pe bai'n amgen, yn enwedig gan nad yw'r gŵr nad yw'n gwneud dim ond beirniadu wedi bod yn gyfarwydd i ni yng Nghymru tan y dyddiau diwethaf hyn.

Yma mae'n werth crybwyll nad yw'r llenor o angenrheidrwydd yn feirniad llwyddiannus. Mae'r llenor-feirniad ar ei orau pan fo'n dadelfennu ac yn egluro ei waith ei hun, ond geill ambell un fod yn hynod alluog yn dadelfennu ei waith ei hun ac yn ddifedr hollol wrth ddadelfennu gwaith rhywun arall; geill llenor fod yn grefftwr da heb ymddiddori yn nhermau a theori ei grefft; a geill fod yn gwbl ddi-hid o grefft llenor arall am nad oes ganddo unrhyw ddiddordeb yn yr effeithiau a geisir gan hwnnw. Dyma rai o'r rhesymau pam na ddylid cymryd yn ganiataol fod pob llenor o anghenraid yn well beirniad nag unrhyw un nad yw'n gwneud dim ond beirniadu, pa mor ymroddedig bynnag fo hwnnw i'w waith, a rhai o'r rhesymau pam na ddylid llyncu'n ddihalen ddywediadau fel hwn o eiddo Ezra Pound: 'Pay no attention to the criticism of men who have never themselves written a notable work.'

Ond fel y dywedwyd, y mae rhai llenorion sy'n hynod o lwyddiannus fel beirniaid llenyddol, yn wir, yr ydym newydd enwi un o'r rhai disgleiriaf ym myd y Saesneg, sef T. S. Eliot, ac nid oes amheuaeth nad oes llawer o effeithlonedd John Gwilym fel beirniad llenyddol i'w briodoli i'r ffaith ei fod wedi bod yn llwyddiant mawr fel nofelydd, storïwr byr a dramodydd.

Diddorol yn y cyswllt hwn ydyw sylwi fod T. S. Eliot wedi troi neu led droi oddi wrth farddoniaeth at ddrama, a bod peth rheswm dros gredu y carasai John Gwilym fod wedi symud oddi wrth ddrama at farddoniaeth. Fel y cawn weld, mae ef yn hoffi meddwl am y ddrama fel y ffurf uchaf ar farddoniaeth, a chredai Eliot fod rhaid i ysgrifennwr ddefnyddio'r hyn sydd wrth ei benelin ac mai ei dasg yw gwneud barddoniaeth o iaith fyw ei

127

ddydd drwy gyfrwng y ddrama. Yr hyn sy'n gyffredin i'r ddau fel llenorion, wrth reswm, ydyw diddordeb angerddol mewn iaith a geiriau.

Pan ofynnodd Saunders Lewis i John Gwilym sut y daeth i sgrifennu mewn dulliau mor amrywiol â drama, stori fer, a nofel, ei ateb oedd:

> Dydwyf i ddim yn meddwl fod cymaint o wahaniaeth rhwng storïau fel Y *Goeden Eirin* a dramâu ag y mae'ch cwestiwn yn awgrymu. Beth wedi'r cwbl yw Soliloquies Macbeth a Hamlet ond ffordd Shakespeare o ddangos cymeriadau yn eu dadansoddi eu hunain ac yn ymdrin â'u cymhellion? Y mae pawb sy'n hoff o'r theatr yn barod i dderbyn confensiynau'r theatr. Yr oedd cynulleidfa oes Elizabeth yn fodlon gwrando ar Hamlet yn siarad wrtho'i hun, a hynny mewn barddoniaeth—dau beth hollol annaturiol . . .
>
> Y mae T. S. Eliot wedi sylweddoli hyn. Er mwyn cael pobl i dderbyn y confensiwn eto, a bodloni i wrando ar gymeriadau yn eu dadansoddi eu hunain, mae'n ysgrifennu *Murder in a Cathedral* a *A Family Reunion* mewn barddoniaeth.

Flynyddoedd yn ddiweddarach yn y sgwrs â'r Dr. Gwyn Thomas dychwelodd at yr un pwynt, a dweud: 'Os ydwyf yn iawn, nid oes cymaint â hynny o wahaniaeth yn swyddogaeth unrhyw gyfrwng llenyddol. Mae'n rhaid iddyn nhw i gyd fod yn bleserus ac y mae'n rhaid iddyn nhw i gyd ddweud rhywbeth am y profiad o fyw.'

Fel y gwyddys, 'r oedd gan y Rhufeiniaid air, 'Poeta nascitur, non fit'—mae bardd yn cael ei eni, nid ei wneud, ond yn y traddodiad Celtaidd, yn Iwerddon fel yng Nghymru, 'r oedd dyn yn cael ei wneud yn ogystal â'i eni'n fardd, yn yr ystyr fod rhaid iddo wrth hyfforddiant am flynyddoedd lawer yn ogystal â dawn i fod yn fardd, a thebyg fod yn gyffredinol fwy o wir yn y syniad fod dyn yn cael ei wneud yn ogystal â'i eni'n fardd neu'n llenor nag sydd yn y syniad arall. O'r hyn lleiaf, mi fyddai John Gwilym yn barod i gydnabod ei ddyled i hunan-hyfforddiant:

> mae fy nyled i'r Bardd Cwsg, a Llythyr i'r Cymru Cariadus, a Llyfr y Tri Aderyn yn amhrisiadwy. Byddwn yn darllen rhannau ohonyn nhw ac yn gwneud rhestr o eiriau ac idiomau dieithr imi; yna yn fy

ngorfodi fy hun i gyfansoddi brawddegau ar unrhyw destun dan haul yn cynnwys nifer neilltuol o'r geiriau a'r idiomau newydd. Cymryd brawddegau wedyn, a'u datgymalu, a ffurfio brawddegau eraill ar yr un patrwm yn union. Dewis paragraff wedyn, a'i efelychu gymal am gymal, cymhariaeth am gymhariaeth, ail-adrodd am ail-adrodd, gwrthgyferbyniad am wrthgyferbyniad—mewn gair gwneud yr hyn a alwai R.L.S. yn 'playing the sedulous ape'.

Mae'r paragraff hwn yn ddadlennol iawn: dengys nid yn unig fel y dysgodd John Gwilym ysgrifennu ond hefyd sut y daeth i ymgydnabod â'r clasuron Cymraeg mor drwyadl, ac o gymharu'r hyn sydd yma â'r hyn a ysgrifennodd ar 'Ysgrifennu Creadigol mewn Prifysgol', fe welir hefyd ei fod wedi defnyddio'r unrhyw ddull at yr unrhyw ddau bwrpas fel athro myfyrwyr yn y coleg, sef i'w harwain i adnabyddiaeth o'n clasuron, ac i ddysgu iddynt ysgrifennu drwy efelychu'r clasuron.

Fe all fy mod yn cyfeiliorni, ond fy syniad i ydyw mai prin iawn yn Lloegr—mae'n bur wahanol yn yr Unol Daleithiau— ydyw nifer y beirniaid sy'n teimlo ei bod yn rhan o'u swyddogaeth hwy ddysgu i'w myfyrwyr sut i sgrifennu'n llenyddol, er bod traddodiad hir a pharchus y tu ôl i'r arfer yn y Gorllewin, oblegid dyna yn ei hanfod ydoedd Rhethreg, hyfforddi myfyrwyr yn y gelfyddyd o areithio ac o baratoi areithiau yn y lle cyntaf, ond, yn ddiweddarach, yn y gelfyddyd o gyfansoddi'n llenyddol yn gyffredinol gan gynnwys ysgrifennu barddoniaeth.

'Fy argyhoeddiad i,' meddai John Gwilym, 'yw fod rhai pethau y gellir eu dysgu, a'r rheini o werth i'r crëwr posibl a'r beirniad posibl fel ei gilydd. Yn gyntaf, y grefft o ysgrifennu.'

Dim ond y crëwr, hwyrach, a ddaw i ysgrifennu'n wefreiddiol a chyffrous, ond ni ddylai unrhyw fyfyriwr adael Adran y Gymraeg mewn Prifysgol heb fod yn ymwybodol yn ysgrifennu'n glir a threfnus a phensaernïol bleserus. 'R wyf wedi sylweddoli ar hyd y blynyddoedd fod naw o bob deg yn rhestru ffeithiau yn hytrach na chyfansoddi brawddegau. Wrth restru ffeithiau 'r wy'n meddwl dibynnu'n gyfan gwbl bron ar y cysyllteiriau cydradd a, ac, ond. Peidied neb â'm camddeall eto. Mae lle i'r rhain, wrth gwrs, ond mae eu defnyddio ar draul cysyllteiriau dibynnol yn andwyo mynegiant, yn ei wneud yn unffurf, anniddorol. Dyma'r lle y mae gwybodaeth o ramadeg yn hollol angenrheidiol. Dylai myfyrwyr fedru datgymalu brawddegau yn rhwydd . . .

**129**

Wedi trin pob cymal ar wahân gyda'r gwahanol gysyllteiriau a all eu cychwyn, deuir yn y diwedd i'w cynnwys i gyd yn yr un frawddeg. Cefais ymarferiadau fel hyn o wir werth . . . Dyma un ymarferiad. Gofynnwyd am frawddeg gyda'r cymalau hyn yn y drefn a nodir.

> Cymal Adferf Amod/Cymal Ansoddair/Cymal Ansoddair Cyd-radd/Prif Gymal/Cymal Enw gwrthrych berf y Prif Gymal/Cymal Adferf Pwrpas . . .
>
> Y cam nesaf, ar ôl sicrhau'r ymdeimlad hwn o gyfansoddi yn hytrach na rhestru, ac o adnabod pensaernïaeth brawddegau yw trefnu para-graffau . . .
> Yna mae gofyn sylweddoli mai cadwyn o baragraffau yw cyfanwaith. Dyma'n unig a all sicrhau mai rhannau o gyfanwaith yw pob paragraff unigol—neu fel y dywed R. W. Parry 'fel y bo rhan yn rhan o gyfan mwy'. I sicrhau hyn rhaid bod yn fanwl o ofalus yn cyfansoddi brawddeg agoriadol pob paragraff ar ôl yr un cyntaf . . .

Dyma ddangos yn eglur olau fod John Gwilym, fel hyfforddwr yn y grefft o ysgrifennu, yn ceisio cael gan ei fyfyrwyr ailadrodd y camau a gymerodd ef ei hun ar ffordd ei ddatblygiad fel ysgrifennwr creadigol, a dangos hefyd ei fod fel hyfforddwr mewn beirniadaeth lenyddol yn ceisio cael gan ei fyfyrwyr ailadrodd y camau a gymerodd ef ei hun i ddod i adnabod ac i werthfawr-ogi'r clasuron Cymraeg.

Yn ei sgwrs â Saunders Lewis rhoes ar wybod sut y bu'n astudio gweithiau Ellis Wynne a Morgan Llwyd er mwyn dysgu iddo ef ei hun grefft cyfansoddi. Mae'n arwyddocaol ei fod yn gorffen ei erthygl ar 'Beth yw Llenyddiaeth?' yn *Ysgrifau Beirniadol, VI*, drwy ymdrin â *Llythur ir Cymru Cariadus* 'o safbwynt gramadegol', nid ei fod yn honni 'am eiliad fod Morgan Llwyd yn ymwybodol o'r hyn sy'n digwydd—o leiaf, yr oedd ei reddfau llenyddol yn ddigon cadarn i sicrhau fod pob ystyriaeth ramadegol yn cyd-uno i ddiogelu'r effaith a'r dôn y mynnai eu consurio'. Afraid i mi yma ailadrodd ei bwyntiau (defnydd Morgan Llwyd o'r ferf, y rhagenwau ac ansoddeiriau), ond mae'n werth dyfynnu'r paragraff ar yr 'effaith gynhyrfus' y mae Morgan Llwyd yn ei sicrhau wrth ymdrin ag Unigol a Lluosog Enwau.

Fel hyn y mae'n cychwyn y *Llythur*:

Mae llyfrau fel ffynnonnau, a Dyscawdwyr fel goleuadau lawer yr awron ymysg rhai dynion. Cymer dithau (O Gymro Caredig) air byr mewn gwirionedd ith annerch yn dy iaith dy hun.

Mae'r Enwau i gyd yn rhan gyntaf y frawddeg yn Lluosog ac yn yr ail ran yn Unigol—'llyfrau, ffynnonnau, dyscawdwyr, goleuadau' ar un llaw a 'air byr, gwirionedd' ar y llaw arall. Yr ymateb cyntaf i eiriau fel llyfrau, ffynhonnau, dysgawdwyr a goleuadau yw un o werthfawrogiad; mae llyfrau yn cyfoethogi dyn, ffynhonnau'n ei adnewyddu, dysgawdwyr yn ehangu'i wybodaeth, goleuadau yn ei arwain yn y tywyllwch. Ond nid dyma fwriad Morgan Llwyd (a hyn, gyda llaw, yn enghraifft o'r gofal sydd eisiau rhag camddehongli awgrym gair). Iddo ef nid oedd holl ddysg y Dadeni, y toreth o opiniynau gwrthgyferbyniol, y llifeiriant o ddamcaniaethu athrawiaethol yn ddim ond rhwystrau ar ffordd dyn i gyfathrachu'n uniongyrchol â Duw. Y mae gormod o lyfrau, gormod o ddysgawdwyr, a'r ffynhonnau a'r goleuadau bellach yn gwneud dim ond chwyddo a dallu dyn. Un llyfr sydd, un ffynnon, un dysgawdwr, un goleuni ac ymadroddion fel 'llyfr y bywyd, ffynnon dwfr y bywyd, ni a wyddom mai dysgawdwr wyt Ti wedi dyfod oddi wrth Dduw, Goleuni y byd ydwyf i' yn dod i'r cof. Cadarnheir hyn gan Enwau Unigol yr ail ran sy'n ein hatgoffa o 'Gwir yw y Gair'. Yma mewn un frawddeg wrth wrthbwyntio Lluosog ac Unigol newidiodd Morgan Llwyd ei dôn o un ddifrïol, gondemniol, watwarus y rhan gyntaf i un ymbilgar, dirion yr ail ran.

Â'r darn am y *Llythur ir Cymru Cariadus* 'o safbwynt gramadegol', gellir cymharu erthygl John Gwilym ar arddull R. T. Jenkins yn *Y Traethodydd*, Ebrill, 1970, lle dengys gydag enghreifftiau mor ymwybodol yr oedd hwnnw'n cyfansoddi, 'ei fod yn fwriadol ofalus yn ffurfio pob brawddeg unigol, yn amrywio ffurfiau brawddegau i osgoi undonedd, yn saernïo brawddeg agoriadol pob paragraff i sicrhau ei undod, yn clymu pob paragraff wrth yr un o'i flaen nes cael yn y diwedd ysgrif yn tyfu'n rhesymegol i'w diwedd anochel'. (Cymharer yr hyn a ddywed am R. T. Jenkins yn 'Ysgrifennu Creadigol mewn Prifysgol').

Gyda'r pwyslais deublyg hwn ar astudio crefft y clasuron a'u hefelychu, nid yw'n rhyfedd na syn clywed fod John Gwilym yn credu y dylai pob ysgrifennu beirniadol fod yn gelfydd, neu, yn ei eiriau ef ei hun, fod yn bleserus.

**131**

Un o anhepgorion beirniadaeth yw ei bod yn ddiddorol ac yn bleserus i'w darllen; rhoi ysgogiad meddwl i ddarllenwyr p'run a ydyn nhw'n cydweld ai peidio. Mae hyn yn golygu bod yn rhaid bod yn ofalus wrth ei ysgrifennu, bod yr un egwyddorion ar waith ag wrth ysgrifennu'n greadigol. Rhaid wrth bensaernïaeth bwriadus, rhaid wrth ymadroddi bywiog, rhaid wrth gyfuniadau newydd o eiriau ac ymadroddion. Y mae'n fy nharo mai'r gwahaniaeth sylfaenol rhwng sgrifennu creadigol a sgrifennu beirniadol yw fod y crëwr yn cyfrannu profiadau ei bum synnwyr a'i feddwl i gyfleu ei brofiad heb ymyriad gosodiadau meddyliol, fod ei lun yn symbol, a byth yn addurn y gellid ei hepgor. Am y beirniad, cyfrannu ei syniadau meddyliol y mae, a'r lluniau, os ydyn nhw yno o gwbl, yn ddim ond cyfryngau i esbonio'i feddwl yn gliriach a mwy cryno. Ond mor bell ag y mae ymadroddi a chynllunio yn y cwestiwn, dylai'r ddeubeth fod mor bleserus â'i gilydd.

Caiff y darllenydd ddigon o enghreifftiau o ryddiaith John Gwilym ei hun fel beirniad yn y dyfyniadau sydd yn britho'r erthygl hon, ond efallai y dylid rhoi esiampl neu ddwy wedi eu dewis nid am yr hyn a ddywedir ynddynt, ond am y ffordd y'i dywedir, ar ôl pwysleisio yn gyntaf peth ei fod ef ymhlith y rhyddieithwyr hynny y gellir clywed sŵn a rhythm eu llafar yn eu llên, er bod eu llên yn gywrain gelfydd. Sylwer ar rythm y paragraff hwn, ar ei adeiledd, ar y dull o gydbwyso gosodiadau haniaethol ag enghreifftiau diriaethol.

Nid diddordeb yn ei brofiadau personol ef ei hun sy'n gwneud rhamantydd. Mae Horas mor bersonol â Cheirog. Nid cred mewn ysbrydoliaeth; mae Ieuan Fardd â chymaint o barch i'r 'awen' ag Islwyn. Nid parch at reolau cydnabyddedig traddodiadol; mae Siôn Cent yn gwrthod rhan o'i draddodiad mor sicr â'r bardd cyfoes penrhydd. Nid anfodlon-rwydd ar amgylchiadau fel y maent chwaith, nid hiraeth prun ai yn y gorffennol ai'r dyfodol; mae *Gofuned* Goronwy Owen mor ingol â *Creigiau Penmon* W. J. Gruffydd. ('Barddoniaeth Gynnar W. J. Gruffydd').

Sylwer eto ar saernïaeth yr erthygl 'Drama Heddiw'. Dechreua â'r frawddeg: 'Fel mae'n digwydd, 'r ydym ni yng Nghymru, 'r wy'n ofni, wedi ystyried drama fel rhywbeth i roi mwyniant munud inni a dim arall, adloniant heb unrhyw fath o arwydd-ocâd ychwanegol'. Â ymlaen i ddweud ein bod ni wedi ein dar-bwyllo gan Kate Roberts a D. J. Williams 'mai ffurf i fynegi profiad o fywyd yw'r Stori Fer', a bod Daniel Owen, Tegla Davies, T. Rowland Hughes wedi dangos eu bod hwy yn ysgrifennu nofelau 'nid yn unig er mwyn iddynt fod yn bleserus i'w darllen', ond hefyd 'er mwyn medru cyfleu eu profiad o fywyd, ein harwain ni i adnabod profiadau newydd inni mewn bywyd, ac o wneud hynny, ehangu ein goddefgarwch a'n cydymdeimlad, rhoi inni adnabyddiaeth ehangach a dyfnach a dwysach o'n cydddynion'. Yna â ymlaen at ei thesis, sef mai 'Barddoniaeth yn ystyr lydan y gair yw drama dda; hynny yw, y mae'r dramodydd yn chwilio am stori a sefyllfaoedd a chymeriadau sy'n llun da o'i brofiad. Gwrandewch ar rywbeth a ddywedodd W. B. Yeats rywdro am ei ddrama *Countess Cathleen* . . . ' Yna symuda'n ôl at *Antigone* Sophocles fel llun o'r gwrthdaro rhwng Deddf Gwlad a Deddf Duw a gwna'r thema'n Gymreig a chyfoes drwy gyfeirio at Emyr Jones a'i wrthdaro yn erbyn Deddf y credai ef ei bod yn treisio Cymru. Mae'r ail baragraff yn un hir: dywedodd fwy nag unwaith nad da ganddo baragraffau byr. Mae'r trydydd a'r pedwerydd yn enghreifftio'r un pwynt, ac yn dechrau 'Neu sylwch ar un o themâu Ibsen mewn drama fel *Y Golomen Wyllt* . . . ', 'Neu cymerwch un o themâu Saunders Lewis—yn wir, un thema sy'n rhedeg fel llinyn arian drwy ei holl ddramâu—y cwestiwn hwn o werth traddodiad, o werth rhyw safonau sefydledig, anghyfnewidiol yn y gorffennol . . . ' Fe welir fod yr erthygl wedi ei hadeiladu'n ofalus: os saer maen oedd ei dad, gall John Gwilym ymffrostio ei fod yntau'n saer geiriau, yn saer brawddegau, paragraffau ac erthyglau.

Ar ôl dweud y dylai beirniadaeth lenyddol fod wedi ei sgrifennu'n gelfydd neu'n bleserus, nid yw John Gwilym yn mynd y cam pellach a honni y gall beirniadaeth lenyddol fod yn llenyddiaeth, yn wir, y mae'n rhy wylaidd i hynny, fel y mae'n rhy wylaidd i honni fod ei feirniadaeth lenyddol ef ei hun yn llenyddiaeth, ond mae'n ddiddorol sylwi fod un o feirniaid llenyddol mwyaf meistraidd Lloegr ar hyn o bryd, George Steiner, yn honni mai'r unig beth a all roddi i waith y beirniad llenyddol fesur o barhad ydyw cadernid neu brydferthwch ei arddull, ac y gall beirniadaeth yn rhinwedd ei harddull fod yn llenyddiaeth. (Gw. yr erthygl ar Georg Lukács yn ei lyfr ar *Language and Silence*).

Wrth gwrs, nid yw pob beirniadaeth lenyddol yn llenyddiaeth, ddim mwy nag ydyw pob stori fer neu bob nofel neu bob drama yn llenyddiaeth, ond fe ymddengys i mi ei bod yn hen bryd i ni yng Nghymru gydnabod y gall beirniadaeth lenyddol fod yn llenyddiaeth a rhoi taw ar y bobl hynny sydd bob hyn a hyn yn ensynnu fod gennym ormod o feirniadaeth lenyddol yn union fel petai llai ohoni hi o anghenraid yn mynd i fod yn lles i'n llên greadigol. Gwyddys fod Flaubert wedi edrych ymlaen at y dydd y genid yr artist-feirniad, a bod Wilde wedi maentumio fod y beirniad go iawn yn artist. Nid wyf yn meddwl fod gan y llenor ymwybodol unrhyw wrthwynebiad i'r beirniad llenyddol cyd-wybodol, a hyd yn oed pe bai ganddo, ymddengys fod beirniad-aeth lenyddol erbyn hyn wedi ennill ei phlwyf ochr yn ochr â llenyddiaeth. Fel y dywed S. E. Hyman, *The Armed Vision* (1955):

> Modern criticism for the most part no longer accepts its traditional status as an adjunct to 'creative' or 'imaginative' literature. If we define art as the creation of meaningful and pleasureable patterns of experience, or the manipulation of human experience into meaningful and pleasureable patterns, a definition that would probably get some degree of general acceptance, it is obvious that both imaginative and critical writing are art as defined. Imaginative literature organizes its experiences out of life at first hand (in most cases); criticism organizes its experiences out of imaginative literature, life at second hand, or once-removed. Both are, if you wish, kinds of poetry, and one is precisely as independent on the other, or as dependent. 'No exponent of criticism . . . has, I presume, ever made the preposterous assumption that criticism is an autotelic art', T. S. Eliot wrote in 1923, in 'The Function of Criticism'. Whether or not anyone had made that 'preposterous assumption' by 1923, modern criticism, which began more or less formally the following year with the publication of I. A. Richards's *Principles of Literary Criticism*, has been acting on it ever since.

Er nad yw John Gwilym yn dweud y gall beirniadaeth lenyddol fod yn llenyddiaeth fel y mae Steiner a Hyman, daw'n agos at ddweud hynny droeon.

Er y gellir dadlau mai gweithgarwch parasitaidd yw beirniadaeth len-
yddol 'does dim i'w rhwystro—yn wir, mae popeth o'i phlaid—i fod yn
llyfndew a blonegog. Fe ddylai ddangos yr un bywiogrwydd synhwyrus
cig a gwaed a'r un craffter meddwl â'r llenyddiaeth sy'n ei magu. Hynny
ydi, mae'n rhaid iddi fod yn ddifyr i'w darllen, wedi ei hysgrifennu gyda
holl gyfrwyster ymadrodd a threfnusrwydd llenyddiaeth greadigol. Prun
bynnag a gytunir â syniadau a dehongliadau Saunders Lewis yn
*Williams Pantycelyn*, mae'r llyfr yn llyfr o bwys yn ei bwysau ei hun.
Mae'n bleserus i'w ddarllen, yn ysgogi meddwl ac yn anfon dyn yn ôl at
Williams i'w ddarllen gydag ymwybyddiaeth ac osgo newydd. (Beirniad-
aeth Eisteddfod Genedlaethol 1971: 'Traethawd Beirniadol'.)

Mae'n ddiamau y byddai'n cydnabod fod Saunders Lewis yn
*Williams Pantycelyn* yn cyflawni swydd beirniad yn ôl yr
Arglwydd David Cecil, sef 'taflu goleuni ar lyfrau, diffinio natur
y bodlonrwydd neu'r anfodlonrwydd a roddant inni, dadansoddi'r
amodau a roddodd fod iddynt ac yn enwedig y grefft a'r gelfyddyd
neu'r diffyg crefft a chelfyddyd sydd yn eu hadeiladaeth' (*Daniel
Owen*).

Mae rhai'n honni fod beirniadaeth lenyddol yn wyddor, yn eu
plith, Georg Lukács, y beirniad Marxaidd y cyfeiriasom ato
uchod. Fe'u gwrthwynebir hwy gan John Gwilym. 'Er bod rhai
beirniaid yn honni fod safonau mor sefydlog yn bosibl i feirniad-
aeth lenyddol nes barnu gwaith yn rhesymegol wyddonol bron,
prin y gellir derbyn eu haeriad. Mae ymateb beirniaid a'u chwaeth
yn anorfod bersonol. Dyna paham y mae beirniaid o safon a di-
wylliant diamheuol yn gwahaniaethu yn eu hymateb i'r un
gwaith'. (*Daniel Owen*). Drachefn, 'Gweithgarwch goddrychol
ydyw beirniadu. Nid oes yna sylfeini lled wyddonol y dylai pob
beirniad fod yn gyfarwydd â hwy, ond hyd yn oed ar ôl eu
meistroli, efo'i bersonoliaeth ei hun y mae pob unigolyn yn darllen.
Mae'r ymatebiadau, felly, i bob gwaith yn anorfod unigol'. Gellir
casglu mai rhan o waith beirniadaeth lenyddol yw dadlennu'r
'sylfeini lled wyddonol' hyn, neu'r 'llinynnau mesur sicr a manwl
y gellir dibynnu arnynt'. ('Enoc Huws', *Ysgrifau Beirniadol*, II).

Y gwir ydyw fod John Gwilym yn edrych ar lenyddiaeth fel
traddodiad neu ffrwd o draddodiadau nid cwbl annibynnol ar ei

gilydd, ac ar feirniadaeth lenyddol fel traddodiad sydd wedi bod yn cydredeg â llenyddiaeth oddi ar y dechrau, er na bu erioed mor llewyrchus ag y mae ar hyn o bryd. 'Pwrpas hyn o erthygl', meddai ar ddiwedd ei erthygl ar *Enoc Huws,* lle trafoda waith Fielding a'i syniadau llenyddol, 'yw ceisio profi mai gorchwyl beirniad yw casglu cefndir eang er mwyn medru darganfod lle gweithiau unigol ynddo. I ymateb yn ddeallus a phleserus i *Enoc Huws,* ac i hyrwyddo darllen deallus a phleserus pobl eraill, mae'n rhaid, wrth ymdrin ag *Enoc Huws,* adnabod Siôn Cent, Wil Brydydd y Coed a'u tebyg, peth wmbredd o Fielding a'r rhai a efelychodd ef, adnabod hefyd Aristophanes, Molière, Dickens—yn wir, pob copa walltog o lenor posibl!' Ac y mae 'llenor' yma'n cynnwys y llenor beirniadol, fel y gwelir oddi wrth 'Ysgrifennu Creadigol mewn Prifysgol'.

Yno dadleuir fod trwytho myfyrwyr yn Hanes Syniadau Beirniadol yn anghenraid 'i hybu ysgrifennu creadigol neu feirniadol'. 'Dylai pob myfyriwr sy'n darllen Llenyddiaeth wybod yn weddol fanwl beth yn union oedd syniadau Aristotlys am lenyddiaeth . . . sut y diffiniai Plotinus wir ystyr a natur Pryd- ferthwch, gwybod syniadau Horas . . . Dante . . . Voltaire . . . Diderot . . . Pope . . . Dryden . . . Johnson . . . Addison . . . Coleridge . . . etc., etc . . . F. R. Leavis . . . I. A. Richards . . . yr egwyddorion a symbylai feirdd yr Hengerdd a'r cywyddwyr'.

Nid wyf, wrth gwrs, wedi enwi dim ond y ganfed ran o syniadau diddorol a mympwyol y canrifoedd. Nid wyf mor ffôl ag awgrymu fod gofyn gwybod yr un ohonyn nhw yn angenrheidiol i fod yn greadigol, ond fe ddadleuwn y byddai eu gwybod yn gwneud y crëwr posibl yn llawer mwy croendenau, yn sicrach ei safonau, yn fwy piwis, hunanfeirniadol. Ar ben hyn bydd y wybodaeth ynddi ei hun yn profi iddyn nhw nad oes angen derbyn dim syniad o gwbl yn ddihalen. Hanes Llenyddiaeth, yn union fel Hanes ei hun, yw hanes torri deddfau, a datblygu a llwyddo.

Â ymlaen i roi un enghraifft o'r ffyrdd y gall gwybodaeth o'r fath fod yn gynhorthwy i'r crëwr, yn yr achos hwn, yr wybodaeth sy'n gefndir i'r gosodiad mai 'Amod prydferthwch llenyddol yw cywaith crefft a greddf llenor sy'n llunio rhannau sy'n cyd- weithredu i sicrhau undod y cyfanwaith'.

Fe sylwedolir fod llenyddiaeth a beirniadaeth lenyddol o'r pwys mwyaf i John Gwilym, ac os oes unrhyw beth yn peri iddo golli ei limpyn, (ac yn wahanol i ambell feirniad llenyddol, y Sais F. R. Leavis yn eu plith, nid yw'n gecrus ddadleugar, ac nid yw'n hoff fel y bu rhai o'i ragflaenwyr beirniadol yng Nghymru, John Morris-Jones a W. J. Gruffydd yn eu plith, o gymryd dyn gwellt fel gwrthwynebydd a'i lorio, nac o arllwys gwawd ar rai o gyn-hyrchion llai ffodus llenorion,—gŵyr 'fod gan bawb ohonom ei deimladau',) os oes, fel y dywedais, unrhyw beth yn peri iddo golli ei limpyn, y peth hwnnw ydyw'r 'gwrthwynebiad, pan sonnir am lenyddiaeth a beirniadaeth lenyddol, i'r hwn y mae'r Sais yn ei alw yn 'intellectual'—y person o gyneddfau meddyliol cymharol fywiog sy'n ystyried llenyddiaeth fel gweithgarwch o bwys; y gweithgarwch, yn ôl T. S. Eliot, sy'n dangos anterth egni dych-mygol a deallusrwydd cenedl', neu, a rhoi'r un peth mewn geiriau eraill, y syniad afiach sydd yng Nghymru 'mai gweithgarwch oriau hamdden, rhyw ddiletantrwydd ysgafala ydy sgrifennu barddoniaeth a llenydda, mai gwaith y llenor ydy tyfu cannabis i swyno pobl i anghofio'r byd anodd sydd ohoni, a dod â huwcyn moethus i grawennu yng nghorneli eu llygaid'.

Ac yma efallai y dylid cyfeirio at y feirniadaeth a roddir arno weithiau: fe ŵyr ef amdani, oblegid cyfeiria at y rheini sy'n 'condemnio'n sgornllydd yr hyn yn eu jargon hwy yw "darllen i fewn" i lenyddiaeth'. Yr enghraifft a ry ef ymhlith eraill yn yr erthygl dan sylw ('Ysgrifennu Creadigol mewn Prifysgol') ydyw 'darllen i mewn' i linell R. Williams Parry, 'y dyn sy'r un o hyd,' llinell sy'n gorffen y gerdd 'Y Pagan', . . .

> Darfydded pob rhyw sôn
> Am anwadalwch dyn . . .'

sef darllen i mewn iddi wrthbwyntio bwriadus i linell Dafydd Jones, Treborth, 'Yr un yw Ef o hyd', yn yr emyn,

> Yr Arglwydd sydd yr un
> Er maint derfysga'r byd;
> Er anwadalwch dyn
> Yr un yw Ef o hyd.

Gwir y dywedodd John Gwilym mai 'beirniaid o Gymry' yn unig sy'n gwrthwynebu'r dull hwn o ddarllen barddoniaeth. Beth petai ef wedi sgrifennu llyfr tebyg i eiddo William Empson, *Seven Types of Ambiguity*, neu un o draethodau R. P. Blackmur, yr Americanwr sy'n dod agosaf at Empson yn ei allu i ddadansoddi? Dyma, er enghraifft, sylwadau Blackmur ar y llinell 'Thy Nazarene and tinder eyes' yng ngherdd Hart Crane 'Lachrymae Christi':

(Note, from the title, that we are here again concerned with tears as the vehicle-image of insight, and that, in the end, Christ is identified with Dionysius). Nazarene, the epithet for Christ, is here used as an adjective of quality in conjunction with the noun tinder also used as an adjective; an arrangement which will seem baffling only to those who underestimate the seriousness with which Crane remodelled words. The first three lines of the poem read:

> *Whitely, while benzine*
> *Rinsings from the moon*
> *Dissolve all but the windows of the mills.*

Benzine is a fluid, cleansing and solvent, has a characteristic tang and smart to it, and is here associated with the light of the moon, which, through the word 'rinsings', is itself modified by it. It is, I think, the carried-over influence of benzine which gives startling aptness to Nazarene. It is, if I am correct for any reader but myself, an example of syllabic interpenetration or internal punning as habitually practised in the later prose of Joyce. The influence of one word on the other reminds us that Christ the Saviour cleanses and solves and has, too, the quality of light. 'Tinder' is a simpler instance of how Crane could at once isolate a word and bind it in, impregnating it with new meaning. Tinder is used to kindle fire, powder and light; a word incipient and bristling with the action proper to its being. The association is completed when it is remembered that tinder is very nearly a homonym for tender and, *in this setting*, puns upon it.

Yn y cyswllt hwn nid oes diben o gwbl i ddweud nad oedd Hart Crane a R. Williams Parry yn ymglywed â'r holl ystyron a ddarllenir i'w gwaith gan feirniaid fel Blackmur neu John Gwilym. Ac arall eirio T. S. Eliot, os oes unrhyw ystyr i'r gair 'ysbrydoliaeth', rhaid iddo olygu yr union beth hwn, fod y llefarydd neu'r ysgrifennydd yn mynegi rhywbeth nad yw ef ei hun yn ei gwbl ddeall, neu rywbeth y gall ef ei hun hyd yn oed ei gamddeall, wedi i'r ysbrydoliaeth ei adael. Mae hyn yn siŵr o fod yn wir am ys-brydoliaeth farddonol: ac y mae rheswm amlycach dros edmygu Eseia fel bardd nag am hawlio fod Virgil yn broffwyd. Gall bardd gredu nad yw'n mynegi dim ond ei brofiad preifat: gall ei linellau iddo ef beidio â bod yn ddim ond cyfrwng i siarad amdano'i hun heb ei fradychu ei hun: eto i'w ddarllenwyr gall yr hyn y mae wedi ei sgrifennu ddod yn fynegiant o'u teimladau cyfrinachol hwy eu hunain yn ogystal ag o orfoledd neu anobaith cenhedlaeth. Gweler y dyfyniad gan I. A. Richards yn Allen Tate, *T. S. Elliot. The Man and his Work* (Pelican Books, 1971) t.15.

Mae'r ffaith fod rhai Cymry wedi bod yn sgornllyd o'r ffordd yr esboniodd John Gwilym ambell ddarn o farddoniaeth, yn dangos nad ydym fel cenedl wedi bod mor aeddfed ag y dylem i dderbyn y feirniadaeth lenyddol newydd, ac y mae'n esbonio, efallai, paham na chawsom ganddo fwy nag a wnaethom o ffrwyth ei lafur yn y maes hwn, nid bod hwnnw wedi bod yn fychan, ond ei fod, ar wahân i'w ddau lyfr, y naill ar Daniel Owen a'r llall ar Williams Pantycelyn, a'r pamffledyn ar Goronwy Owen, yn dameidiog ac ar ffurf erthyglau a beirniadaethau eisteddfodol. Diau y synnir ni pan gesglir y rhain at ei gilydd nid yn unig gan eu swmp eithr hefyd gan y cysondeb sydd yn eu hagwedd. Ni ellir eu trin yn fanwl yma, ond carwn roi esiamplau o ansawdd a natur y gwaith ynddynt.

A chynnwys ei feirniadaethau eisteddfodol a'i erthyglau gyda'r llyfrau a nodwyd, gellir dweud fod John Gwilym wedi ymdrin â phob prif ddull (*genre*) neu gyfrwng llenyddiaeth, o'r stori fer at y nofel hir, o'r ddrama un act at y ddrama dair-act, o'r ysgrif at y bryddest. Cyn mynd at y dulliau unigol rhaid dweud ei fod yn gweld dau beth yn gyffredin iddynt oll, sef y ffordd arbennig y defnyddir iaith ynddynt, a'r darlun o fywyd a gyfleir drwyddynt.

Yn gyntaf, yr iaith. 'Mae'r llenor mawr yn feistr ar y mynegiant sy'n hyfryd addas i'w bwnc. O hyd ac o hyd mae darllenydd yn ei gael ei hun yn ymhyfrydu yn y ffordd y dywedir rhywbeth, er iddo anghydweld yn hollol â'r hyn a ddywedir. Mae bachogrwydd ac egni ac addasrwydd mynegiant yn rym a rhinwedd ynddynt eu hunain'. 'Yn ôl y beirniaid y gwahaniaeth sylfaenol rhwng rhyddiaith a barddoniaeth yw'r defnydd a wneir o eiriau. I'r bardd awgrymu mae gair: i'r ysgrifennwr rhyddiaith, diffinio. Gall gair y bardd feddwl mwy nag un peth—yn wir, ei amwyster yw ei rinwedd. Mae ynddo bob amser ddigon o ystyr cyffredinol i fod yn ddealladwy i fwyafrif mawr, ond y mae ynddo hefyd y gallu hwnnw i fynnu ymateb arbennig gan bob personoliaeth'. I'r gwyddonydd, 'ystyr gair sy'n bwysig, ei rinwedd yw ei anghyfnewidiolrwydd, ei fod yr un enw am yr un peth bob amser a than bob amgylchiad'. I'r llenor, 'rhinwedd gair yw ei ystwythder, ei athrylith i awgrymu yn y modd, yn y dôn, y'i defnyddir; ei gysylltiadau teimladol a'r ffordd amrywiol y'i defnyddiwyd gan lenorion eraill. Iaith i gyfleu teimlad yw iaith y llenor, nid iaith i gyflwyno ffeithiau'. 'Rhoi ffurf i bethau sy'n bod eisoes a wna gwyddonydd; rhoi bod i rywbeth nad oedd o'r blaen a wna bardd. Ar un llaw adeiladu, ar y llall creu. Un yn ehangu gwybodaeth, y llall yn ehangu dychymyg. Ymennydd i un, greddf i'r llall'.

Beth yw Llenyddiaeth? Cymharer y ddau bennill:

Rho nerth mewn adfyd mwy i ni
   I ddilyn ôl dy draed,
Yn wrol gad i ninnau fod
   A glân, drwy rin dy waed.

Ac i'r ffynnon a agorwyd
   Yn dy ystlys ar y pren
Yr wy'n dod, â'm gwisg yn aflan,
   Yno i'w channu'n awr yn wen.
     Mi ddof allan
     Fel yr eira ar y bryn.

Yr un peth yn union a ddywedir gan y ddau emynydd, ac nid oes gan neb hawl i amau nad yw'r ddau mor 'ddidwyll' â'i gilydd. Nid oes amheuaeth prun o'r ddau sy'n llenyddiaeth. Gweddi haniaethol hollol yw'r pennill cyntaf; y geiriau gweithredol yw 'nerth, adfyd, gwrol, glân, rhin', heb y nesaf peth i ddim apêl synhwyrus ynddynt. Disgwyliedig fydryddol yw'r symudiad hefyd heb y wyrth rythmig sy'n arbenigo rhai geiriau. Am yr ail, y mae'n llun, byw ei apêl synhwyrus. Ei eiriau gweithredol yw 'ffynnon, ystlys, pren, gwisg, eira, bryn'. Y mae ymchwydd un frawddeg y pedair llinell gyntaf yn lladd undonogrwydd mydr moel heb sôn am unigoli 'yr wy'n dod'—ei prif ferf. Ceir symudiad mewn amser hefyd, o Amser Presennol 'yr wy'n dod' i Amser Dyfodol 'mi ddof allan', heb sôn am gyfrwystra'r awgrym o 'ffydd' sy'n sicr o'r glanhad heb iddo eto ddigwydd, a'r cymysgu beiddgar o gael ei gannu mewn gwaed.

**140**

Yr ail beth sydd yn gyffredin i holl ddulliau llenyddiaeth, yn ôl John Gwilym, ydyw eu bod yn cyflwyno *llun* o fywyd.

Er bod geiriau ac ymadroddion unigol, fel y ceisiwyd dangos, yn bwysig, yr hyn sydd bwysicach fyth yw fod y gwaith yn ei gyflawnrwydd yn drosiad o ymateb dyn i'r profiad o fyw yn y byd. Y mae pob telyneg, pob darn o farddoniaeth hir, pob nofel, pob drama, pob cyfrwng llenyddol i fod yn llun yn ei gyflawnrwydd. Gorau oll pa mor synhwyrus briseis fydd pob gair a delwedd unigol, gorau oll pa mor daclus eu gwedd fydd dramâu a nofelau, ond gellir cael methiannau yng nghwrs pob gwaith— pa waith perffaith sydd?—ac eto cael gwaith cyflawn sy'n greadigaeth sgytiol. Does dim ond angen enwi *Rhys Lewis* i brofi hyn. Felly, un peth arall sy'n gyffredin i bob llenyddiaeth fawr yw fod yr awdur, trwy broses o wrthod a dethol, wedi tynnu llun dyfeisgar ei weithredoedd a'i argyfyngau a'i ddeallusrwydd i gyfleu ei brofiad arbennig ef o'r rhodd fawr, yn wir, hwyrach, y rhodd drist sy'n cael ei galw'n fywyd. Gall y llun synnu dyn gan ei newydd-deb a'i ffieiddio gan ei feiddgarwch, ond nid yw newydd-deb na beiddgarwch fel y cyfryw yn rhinweddau llenyddol. Nid gwaith llenor yw bod yn wreiddiol ei syniadaeth na'i brofiad. Nid ychwanegu rhyw ddamcaniaeth newydd syfrdanol yw ei swydd. Nid athronydd na diwinydd na gwyddonydd ydyw. Nid yw Shakespeare, y llenor mwyaf, hwyrach, a fu byw erioed, wedi dweud dim byd gwyrthiol newydd am ddyn yn y byd.

Serch hynny, 'mae llenyddiaeth yn ddi-os yn dweud rhywbeth am gyflwr dyn yn y byd, yn ei ddweud gyda goddefgarwch a chydymdeimlad mewn geiriau sy'n mynnu ymateb teimladol, a hynny heb foesoli nac athronyddu na dadlau yn ei gylch—dim ond ei dderbyn, yng ngeiriau Keats, "without irritable reaching after fact and reason".'

Cyn mynd ati i geisio disgrifio prif gyfraniadau John Gwilym i'n llenyddiaeth feirniadol fe garwn groniclo rhai o'i syniadau mwyaf trawiadol a nodweddiadol am y prif ddulliau neu foddau llenyddol, yr ysgrif, y stori fer, y nofel, y ddrama a barddoniaeth.

Fe ŵyr pawb ohonom mai meistr yr ysgrif yn Gymraeg yw Syr Thomas Parry-Williams, a gofalodd rhyw ffawd dda ym mherson yr Athro Idris Foster ein bod ni'n cael ymdriniaeth John Gwilym â'i ysgrifau ef. I gychwyn gesyd yr ysgrifwr gan Syr Thomas yn ei gefndir a'i linach drwy ei wneud yn olynydd i Bacon, Steele, Lamb a Hazlitt yn Lloegr, 'a'r mwyaf ohonynt i gyd, Montaigne yn Ffrainc'. 'Gallodd Montaigne . . . nid yn unig fod yn hergwd creadigol i lenorion ond hefyd roi amlygiad o bersonoliaeth gyflawn, i'w elynion yn fympwyol, anuniongred, anfoesol, ond i bob un teg yn fynegiant o wybodaeth a chydbwysedd gwâr'. 'Yr hyn a wnaeth Montaigne yn Ffrangeg fe wnaeth T. H. Parry-Williams yn Gymraeg'.

Gedy i Syr Thomas ei esbonio ei hun yn ei eiriau ei hun i raddau helaeth. Ar ôl dweud fod ei destunau'n lluosog ac amrywiol, pwysleisia nad yw'r gwrthrychau allanol yr ymdrinnir â hwy yn ddim ond esgusion bron yn ddieithriad 'i roi cyfle iddo [i Syr Thomas] wyntyllu'n fanwl ei ymatebiadau iddyn' nhw, a'i ddadansoddi ei hun er mwyn sicrhau praffach a dwysach a chymesurach adnabyddiaeth ohono'i hun', yr unigolyn o Ryd-ddu sy'n 'feicrocosm o'r ddynoliaeth'. Nid yw'n esbonio'r ymatebiadau yn glinigol,—gedy hynny i'r 'seico-bois', chwedl yntau—gŵyr ei bod 'yn werth gadael i rai dirgelion, o leiaf, aros yn eu dirgelwch', —ac y mae eu dirgelwch iddo ef yn fwy nag i'r dyn cyffredin, am ddau reswm, am ddau ymdeimlad gorchfygol, ei ymdeimlad ar adegau ei fod yn un â natur, yn rhan o'r bydysawd, a'i ymdeimlad o 'ddiddymdra a darfodedigrwydd pethau ac mai gwagedd o wagedd ydyw'r cwbl'. Dengys fod Syr Thomas nid yn unig yn yr un byd yn feddyliol â beirdd fel T. S. Eliot a dramodwyr fel Ionesco ond ei fod hefyd ymysg yr arloeswyr yn rhoi mynegiant i'r byd hwnnw.

Ac yma down at graidd dadansoddiad John Gwilym o Syr Thomas yr ysgrifwr. Er bod ei bersonoliaeth yn gyfoethog, mor amlochrog ac eang ei diddordebau ag o ddwfn ei synwyrusrwydd a'i theimlad, cyfrinach derfynol llwyddiant Syr Thomas ydyw ei gelfyddyd fynegiant, wedi ei seilio, ar y naill law, ar ei feistrolaeth ar ei grefft defnyddio geiriau, 'o'r gair unigol dewisedig i grynoder yr ymadrodd ysgytiol, o frawddeg gymen ei ffurf i undod gorffenedig rhesymegol ei baragraffau, a'r cwbl efo'i gilydd yn cydweithio i gynnal cyfanwaith crwn', ac, ar y llaw arall, ar ei ddawn fel bardd, y ddawn i fynegi ei brofiad yn ddiriaethol, i 'ddefnyddio natur, yn wir unrhyw achlysur allanol, fel delweddau i adlewyrchu ei ar-gyhoeddiadau a'i brofiadau'. Yn y pen draw, felly, 'barddoniaeth . . . yw ysgrifau T. H. Parry Williams'. Cawn gyfeirio eto at ar-gyhoeddiad John Gwilym 'nad y moddau confensiynol fel telyneg neu awdl neu soned neu bryddest sy'n gwneud rhywbeth yn farddoniaeth, fod nofel neu ddrama neu ysgrif yn farddoniaeth hefyd', ond dylid dweud yma fod ei draethiad ar ysgrifau Syr Thomas yn enghraifft ardderchog o'i ddawn i grynhoi, i ddweud llaweroedd o fewn cwmpas ychydig o dudalennau.

Mae'n siŵr mai yn ei storïau byrion ef ei hun y mae cael yr olwg orau ar syniadau John Gwilym am briod natur a theithi'r stori fer, ac yn y cyswllt hwn mae ei sgwrs â Saunders Lewis yn odiaeth o ddiddorol. Gellid codi o'i atebion yn honno nifer o bwyntiau sy'n ddadlennol o safbwynt gwerthfawrogi ei waith yn gyffredinol. Er enghraifft, dywed: 'Tybed nad ydym ni yng Nghymru heddiw yn bodloni ar wybodaeth arwynebol o bopeth . . . 'R ydym ni'n mynnu cerdded cyn cropian, ac yn disgwyl cael pleser llawn heb ein paratoi ein hunain ar gyfer hynny. 'R ydym ni'n rhy ddiasgwrn cefn i ymgodymu â dim'. Nid oes ganddo ddim amynedd â'r amaturiaeth sy mor nodweddiadol ohonom ni fel Cymry, ac y mae ei safonau cyn uched â safonau'r gŵr mwyaf proffesiynol.

Drachefn, wrth holi, geilw Saunders Lewis sylw at 'gym-hariaeth od ac annisgwyl' yn y gyfrol *Y Goeden Eirin*, cym-hariaeth a ddefnyddir wrth ddisgrifio plentyn na wyddai pwy oedd ei dad a'i fam: 'Yr oedd, fel llenyddiaeth gyfoes Cymru, yn druenus o anwybodus o'i stad', a gwna hynny ar ôl dweud wrth John Gwilym: 'Y mae eich cymeriadau chi i gyd wedi darllen Daniel Owen a Dafydd ap Gwilym, Ann Griffiths a Williams Parry, englynion Llywarch Hen a Phantycelyn, ac y maen nhw'n dwyn y pethau hyn i gyd i mewn i'w myfyrdod neu sgwrs'. Yn awr, mae'r frawddeg olaf mor wir am John Gwilym ag am ei gymeriadau: nid yw byth yn edrych ar lenyddiaeth dramor heb gadw un llygad ar lenyddiaeth Gymraeg. Os bydd yn sôn am Aristotle a syniadau beirniadol Coleridge, mae'n siŵr o sôn am

*Egluryn Ffraethineb* a syniadau beirniadol Goronwy Owen. Wrth sôn am Williams Parry, mae'n siŵr o sôn am Eliot neu Yeats neu Keats neu Shakespeare. Ym mhopeth a ysgrifennodd cadwodd at ei obaith o 'fedru sgrifennu llyfr (neu stori neu erthygl) a oedd yn ganlyniad anorfod o bopeth a aeth o'i flaen, ac yn dibynnu arnyn nhw fel plentyn ar ei rieni'.

I ddod at y stori fer. Afraid dweud mai dull John Gwilym o ysgrifennu stori fer ydyw'r dull a gyfenwyd yn ddull 'ffrwd yr isymwybod'. Ceisiodd ysgrifennu storïau byr yn y 'dull tradd-odiadol clasurol', fel Kate Roberts, ond daeth yn gwbl amlwg iddo fod rhaid iddo fodloni ar y dull a oedd yn haws iddo ef, ac yn fwy cydnaws â'i natur,—dyna ei union eiriau ef ei hun—ond gellid rhoi'r peth fel hyn, iddo fodloni ar yr unig ddull a apeliai ato, gan ei fod yn cymryd mwy o ddiddordeb ym meddyliau a theimladau pobl nag yn eu gweithredoedd a'r hyn sy'n digwydd yn allanol iddynt. Mae hyn mor olau amlwg yn ei ddramâu ag ydyw yn ei storïau.

Mae'n debyg mai drwy ddarllen Virginia Woolf, Hemingway, Saroyan, Sherwood Anderson, Proust a'r Joyce cynnar—yn ddiweddarach y darllenodd *Ulysses* Joyce—y daeth John Gwilym i ymglywed â'r gwahaniaeth y mae Freud a seicoleg wedi ei wneud i'n hamgyffrediad ni o natur dyn—ond mae'n amlwg ei fod wedi ei arwain i gymryd seicoleg a seico-analysis o ddifrif gan ei ddiddordeb dwfn yn y natur dynol, ac y mae'n nodweddiadol ohono ef, ac o'i ddull o gyflwyno gwirionedd, ei fod yn dweud wrth Saunders Lewis:

> Wel, un o'r pethau a roddai fwyaf o ddifyrrwch imi pan oeddwn yn blentyn oedd i bregethwr y Sul ddod i'm cartref i de. Cawn gyfle ar-dderchog yr adeg honno i gymharu ei lais go iawn, ei lais cyffredin, â'r llais a ddefnyddiai yn y pulpud i ledio emynau a phregethu. 'R wyf bron yn siŵr mai o'r ymdeimlad yma o ddau lais llawer i bregethwr—nid fod hynny'n beth o'i le o gwbl—y deuthum i deimlo fod pob un ohonom yn byw bywyd gwahanol iawn ar ei ben ei hun i'r bywyd y mae'n ei ddangos i bobl eraill.

Efallai fod syniadau John Gwilym fel beirniad am y stori fer i'w gweld gliriaf yn ei feirniadaeth ar gystadleuaeth y stori fer

**144**

yn Eisteddfod Genedlaethol 1968. Yn y gyfrol *Cyfansoddiadau a Beirniadaethau* dywed mai dyma'r diffiniad gorau o stori fer a welodd erioed: 'To be good of its kind, neither badly anecdotal nor spinelessly sensitive, a short story must have been written with a strong imaginative pulse; it must, as it were, mean more than it says and reverberate in the reader's mind when it is finished both emotionally and pictorially; and to do this in the narrow compass of three thousand words requires a skilful use of words, an extremely acute sense of their power and their over-tones'. A chan gymryd y diffiniad hwn fel adnod i'w esbonio fe â drwyddo fesul cymal gan agor allan ei holl ymhlygiadau mewn dull sy mor argyhoeddiadol ag ydyw o feistrolgar.

Diffinio ac egluro oedd ei ddull hefyd yn Eisteddfod Genedlaethol 1942 wrth feirniadu cystadleuaeth y Nofel Fer. Dyma'r diffiniad a gynigiodd yno: 'Ffug chwedl mewn rhyddiaith yw nofel, yn portreadu bywyd, yn dweud y gwir amdano, ac yn ei weld yn ei gyfanrwydd'. Wrth fanylu ar y diffiniad pwysleisia mai 'eilbeth yw'r chwedl neu'r stori', fod rhaid wrthi, 'ond mae'n llawer llai ei phwysigrwydd na'r dehongliad o fywyd'. Wrth drin y rhyddiaith dywed:

> Nid yw nofel yn gelfyddyd mor bur â barddoniaeth. Saif rhwng celfyddyd a gwyddor—yn nes i gelfyddyd mae'n wir, ond yn wyddonol yn gymaint ag y dadansodda bobl a'u gweithredoedd a'u cymhellion. Gofyn, felly, am iaith ddiamwys, bendant i ddisgrifio pobl a phethau fel y gwêl ef hwynt. Iaith i ddweud y gwir amdano ef ei hun yw iaith y bardd; iaith i ddweud y gwir am y byd a'r bywyd o'i amgylch yw iaith y nofelydd. Nid oes, wrth gwrs, unrhyw reswm ar wyneb y ddaear dros i iaith y nofelydd fod yn rhyddieithol.

Ar ddyletswydd y nofelydd i ddweud y gwir am fywyd, dywed John Gwilym fod rhaid iddo ddelio â bywyd fel y mae, ac nid creu rhyw fywyd delfrydol; rhaid iddo beidio â phregethu ar sut y dylai pethau fod, ond eu cymryd fel y maent, yn bynciau sawrus neu ansawrus, mor ansawrus, er enghraifft, ag y mae pwnc *Monica* Saunders Lewis i rai. Nid yw hyn yn golygu na ddylai fod gan y nofelydd agwedd arbennig tuag at fywyd; rhydd ydyw iddo weld bywyd yn dristwch neu'n ddigrifwch, yn ogoneddus neu'n anogoneddus, ond iddo weld yr holl elfennau ynddo a'u trin yn deg ac yn gytbwys.

A daw hyn â ni at y pedwerydd pwynt, sef y dylai'r nofelydd weld bywyd yn ei gyfanrwydd, ei weld a'i adnabod yn drwyadl o fewn cylch yr ardal a'r cymeriadau a ddewisir, boed y cylch hwnnw mor fychan â Rhostryfan neu mor fawr â Rwsia. Serch hynny, rhaid cofio 'nad dweud yr hyn a ŵyr am ei gyd-ddynion . . . yw gwaith y nofelydd—tynnu eu llun a fyddai hynny— ond yn hytrach creu cymeriadau a'u dadansoddi a threiddio i'w bywyd mwyaf cyfrin a chuddiedig: ys dywed un beirniad, "mynegi breuddwydion a llawenydd a thristwch na all cymeriad oherwydd cywilydd neu swildod eu mynegi ei hun".'

Nid yw hyn oll yn disbyddu'r hyn a fu gan John Gwilym i'w ddweud am y nofel. Er enghraifft, yn ei feirniadaeth ar Gystadleuaeth y Fedal Ryddiaith yn Eisteddfod Genedlaethol 1964, mae ganddo bethau diddorol i'w dweud am yr 'arwr' a'r 'gwrth-arwr' gan gynnwys yr *obiter dictum* hwn: 'Ni welaf y gellir anghydweld â barn beirniaid fel Martin Turnell a Henry James ar *Madame Bovary* (Flaubert). Ni allant lai na chydnabod nad hon o ran crefft a mynegiant a synnwyr ffurf, yn wir, yr holl rinweddau technegol, yw un o'r nofelau perffeithiaf a ysgrifennwyd erioed, ac eto . . . Emma Bovary yn ôl y naill "will not bear the weight of the symbolism he (Flaubert) tried to attach to her", ac yn ôl y llall, "is really too small an affair".'

Mae John Gwilym wedi sgrifennu cymaint am y ddrama o bryd i'w gilydd fel nad oes obaith i mi hyd yn oed wneud detholiad na fyddai'n gwneud anghyfiawnder ag ef. Digoned dau sylw, felly. Yn gyntaf, iddo ef, 'un o'r dirywiadau mwyaf a ddigwyddodd i'r ddrama oedd iddi newid o fod yn gydnabyddedig farddonol i fod yn efelychiad ffotograffig o fywyd'. Yn ail, iddo ef y mae 'pob dramodydd o bwys wedi defnyddio'i gyfrwng i'r un pwrpas yn union [â'r bardd a'r nofelydd], ac os na wyddom ni rywbeth mwy am fywyd a dynion ar ôl gweld drama, neu deimlo rhywbeth a led-wyddem ni eisoes yn fwy synhwyrus a llwyr', yna 'drama dila, ddiwerth ydyw'. 'Mynegiant o brofiad cywir didwyll yw barddoniaeth. Mynegiant o brofiad cywir didwyll ydyw drama hefyd. Mae'r grefft yn wahanol, mae'r triciau'n wahanol, ond yr un yw'r amod am mai'r un yw'r amcan—creu rhywbeth sy'n brydferth yn ystyr gyfyng y gair. Mae angen yr un meddylgarwch, yr un gofal am fanion, yr un teimlad a phrofiad i ysgrifennu drama ag i ysgrifennu prydyddiaeth Mynegiant o bersonoliaeth ydyw'r naill fel y llall. Efallai nad yw personoliaeth y dramodydd yn ei ddrama mor amlwg ag eiddo y bardd yn ei delyneg, ond dyna yw ei sylfaen, a dyna a roddodd fod iddi'.

Mae'n bryd, yn hen bryd, yn siŵr, ym marn llawer darllenydd, i mi ddod at gyhoeddiadau annibynnol John Gwilym fel beirniad o'u cyferbynnu â'i gyhoeddiadau ar y cyd ag eraill. Hyd yn hyn buom yn sôn yn fwyaf neilltuol am ei gefndir ac am ei erthyglau mewn cyfrolau fel *Ysgrifau Beirniadol*, a chylchgronau fel *Taliesin* a'r *Traethodydd*, a'i feirniadaethau yn yr Eisteddfod Genedlaethol, ac nid ydym wedi sôn am ei lyfrynnau a'i lyfrau, y rheini ar Goronwy Owen, Williams Pantycelyn, a Daniel Owen.

Mae un peth yn gyffredin i holl weithgarwch beirniadol John Gwilym, a hwnnw ydyw, mai galwadau o'r tu allan a'i symbylodd. Wrth hyn, nid wyf yn golygu mai galwadau o'r tu allan a'i sbardunodd ef i risialau ei syniadau, ond yn hytrach mai hwy a'i cymhellodd i'w rhoi ar bapur. Cymerer y llyfr mwyaf uchelgeisiol, ei gyfrol ar Daniel Owen: fe'i sgrifennwyd yn y lle cyntaf yn ateb i'r gwahoddiad i draddodi'r darlithiau Cymraeg yng Ngholeg Bangor.

Peth arall sy'n gyffredin i'w waith i gyd, er gwell neu er gwaeth, ydyw fod ei holl weithgareddau beirniadol wedi eu hymgymryd yn ateb i'r alwad am addysg, yr alwad i addysgu plant yr ysgolion canol—lawer ohono, addysgu myfyrwyr coleg—fwy fyth, ac addysgu oedolion mewn cymdeithasau mân a mawr o Gaergybi i Gaerdydd ac oedolion â'u bryd ar ennill gwobrau mewn eisteddfodau cwbl leol.

Mae'r ddeubeth hyn wedi rhoi natur a naws pedagogiaeth i'w feirniadaeth lenyddol gyhoeddedig, ac y maent wedi ei gadw rhag mentro y tu allan i ryw ffiniau arbennig, ie a rhag mentro'n ddyfnach na rhyw ddyfnder arbennig. Canlyniad hyn ydyw nad ydyw'n fwriadol wedi ceisio datblygu system o feirniadaeth lenyddol. Fe all nad peth drwg mo hyn. Fe ddywedodd Thibaudet, po fwyaf o ddamcaniaeth sydd mewn beirniadaeth, mwyaf oll yw ei siawns o gael ei phrofi'n annigonol a'i thaflu o'r neilltu, ac i Baudelaire, nid oedd system yn ddim ond damnedigaeth yn ein gyrru i ymwadiad di-ben-draw: rhaid creu system newydd o hyd ac o hyd, ac felly ddioddef cosbedigaeth greulon. Ar y llaw arall, petai beirniadaeth lenyddol yng Nghymru wedi bod yn fwy llewyrchus, a mwy o gyfle i John Gwilym drin ei syniadau gyda beirniaid eraill, dichon y byddai wedi medru diffinio rhai o'i syniadau ar ramantiaeth a chlasuriaeth megis yn ei erthygl ar 'Farddoniaeth Gynnar W. J. Gruffydd' yn helaethach ac yn groywach, ie, ac yn fanylach. Gall ef ddweud, fel Saunders Lewis a T. J. Morgan ac eraill, ei fod wedi gorfod creu ei gyhoedd yn y Gymru sydd ohoni, a'i fod wedi gwneud hynny drwy ddod â holl rym ei bersonoliaeth i'w waith beirniadol, a thrwy gyfrannu i eraill angerdd ei angen am lenyddiaeth fel rhan o'i angerdd am fywyd.

Un o gyfraniadau diweddaraf John Gwilym yw ei ddarlith Saesneg ar Goronwy Owen i Goleg William a Mary, Williamsburg, Virginia (1969). Cyfyngwyd arno nid yn unig gan gwmpas y ddarlith ond hefyd gan derfynau gwybodaeth (neu anwybodaeth) ei gynulleidfa—bu raid iddo egluro egwyddorion y gynghanedd iddynt er mwyn gwneud rhai o'i bwyntiau'n ddealladwy, ond fe lwyddodd i wasgu llawer o wybodaeth i'r ddarlith a chryn dipyn ohoni'n dyfnhau ein dirnadaeth a'n gwerthfawrogiad o farddoniaeth Goronwy Owen. Mae'n amlwg nad yn anffrwythlon y bu John Gwilym yn ymdrwytho yn hanes syniadau beirniadol o amser Aristotle i amser I. A. Richards a'r moderniaid eraill, ac yma, fel ym mhopeth a sgrifennodd, mae ei wybodaeth o lenyddiaethau eraill, yn arbennig llenyddiaeth Saesneg, yn cael ei defnyddio'n ddeheuig dros ben i oleuo llenyddiaeth Gymraeg. 'R oedd yn werth i ni gael ein hatgoffa drwy'r Americaniaid fod syniadau Goronwy Owen am y gynghanedd a'i phwysigrwydd

wedi datblygu, a'u bod erbyn y diwedd ymhell o fod mor geid-
wadol ac mor anghymhleth ag y tybiodd y Cymmrodorion a'r
Gwyneddigion a hyrwyddwyr cynharaf yr Eisteddfod, ac arbennig
werthfawr yw'r sylwadau ar 'Gywydd y Farn Fawr', 'Bonedd a
Chyneddfau'r Awen', 'Cywydd i Annerch Môn', a 'Gofuned'.
Cyhuddir rhai beirniaid nad yw eu cyfarpar beirniadol yn dda i
ddim ond i drin barddoniaeth ddiweddar neu farddoniaeth o un
math yn unig. Ni ellir cyhuddo John Gwilym o hyn, ac y mae'n
arwyddocaol ei fod wedi dangos cymaint o gydymdeimlad a chyd-
ddealltwriaeth â Goronwy Owen gan fod ei brif fardd ymhlith
beirdd Cymru, R. Williams Parry, wedi dweud rywdro nad oedd
Goronwy Owen 'yn fardd yr un fath ag yr oedd ef yn fardd'!

Pan ysgrifennodd John Gwilym ar Williams Pantycelyn, 'r oedd
yn gorfod tramwy'r un maes â Saunders Lewis yn ei lyfr ar
Bantycelyn, trafodaeth y mae ganddo'r parch mwyaf iddi ac un
y cyfeiria ati'n aml fel y math gorau posibl o feirniadaeth lenyddol.
Ni rwystrodd ei edmygedd, serch hynny, iddo anghytuno â
gosodiad Saunders Lewis mai Williams oedd y bardd rhamantus
a'r bardd modern cyntaf yn Ewrop, nac ychwaith rhag datblygu
ei thesis ef ei hun ynglŷn â barddoniaeth Pantycelyn.

Yn fyr ac yn fras, y thesis honno ydyw fod Pantycelyn yn fwy
o Blatonydd nag o Aristotelydd, ei fod yn ymhyfrydu mwy mewn
syniadau nag mewn pethau, hynny yw, yn yr haniaethol yn
hytrach na'r diriaethol. Gan fod pob bardd yn dibynnu ar wrth-
rychau diriaethol fel ffynhonnell ei ddelweddau, fe fuasai Panty-
celyn wedi bod o dan anfantais ddirwymedi oni bai ei fod wedi
medru cyfadfer drwy ddefnyddio delweddau'r Beibl yn ei emynau.
Un o'r pethau mwyaf cyffrous yn y llyfr ydyw'r dadansoddiad
manwl a chraff o'r emyn:

Pam y caiff bwysfiloedd rheibus
Dorri'r egin mân i lawr . . .

Wrth gwrs, mae'r crynodeb, a roddaf yma, yn rhy gryno i
wneud cyfiawnder â llyfr John Gwilym; dylwn fynnu mwy o le,
ond efallai fod hyn yn wir amdano yntau hefyd, nad ydyw wedi

mynnu digon o ofod i ddangos fod Platoniaeth Pantycelyn yn rhan anorfod o'i Gristnogaeth, fod Platoniaeth yn un o ffynonellau'r diwylliant Cristnogol a ddatblygodd yn Ewrop, etc., etc.

Yr unig lyfr sy'n rhoi rhywbeth yn debyg i chwarae teg i John Gwilym ddangos ei ddoniau fel beirniad yn weddol gyflawn yw ei lyfr ar *Daniel Owen*. Mae'n nodweddiadol ohono ei fod yn diweddu ei ragair byr â geiriau Oliver Goldsmith yn *The Deserted Village*: 'I came to scoff and stayed to pray', oblegid llyfr o werthfawrogiad neu'n hytrach o feirniadaeth werthfawrogol ydyw hwn yn bennaf dim, nid nad yw'n sôn am rai o ddiffygion y nofelydd, ond ei fod yn gwneud hynny yng nghysgod ei werthfawrogiad ohono.

Os caf i fod yn fyr ac yn fras eto, gellid crynhoi thesis y llyfr i'r brawddegau hyn: Methodyn Calfinaidd oedd Daniel Owen o'r groth, a Methodistiaeth Galfinaidd fel crefydd a'r adwaith rhyngddi hi a chymdeithas ydyw ei bennaf, os nad ei unig, ddiddordeb fel nofelydd. Ceir ymhlith ei themâu 'y ffŵl ysbrydoledig', 'y gwrthdaro rhwng dau deyrngarwch', 'y carwr anffodus', etc., ond ei brif thema ydyw 'thema natur mewn gwrthryfel â chonfensiwn, greddf yn erbyn ymwybod bwriadus, personoliaeth yn erbyn cymeriad, neu, yng ngeiriau Daniel Owen ei hun, *reality* yn erbyn *appearance*—mewn gair rhagrith'. 'Gweld dyn yn ymwybodol yn ei ffurfio ei hun i gymryd arno i'r byd ei fod yn rhywbeth amgen nag ef ei hun a wnaeth Daniel Owen: gweld dyn yn ymwybodol ac yn fwriadol yn ystumio ei bersonoliaeth i rych cymeriad'. 'Y mae . . . yn amrywio yn ei ffyrdd o drin rhagrith. Nid yw'n glynu at un safbwynt fel Jane Austen neu Thomas Hardy. Yn lle hynny mae'n ei raddoli—a'i arddull yn grefftus yn ei haddasu ei hun yn ôl y galwad—o ffars i gomedi ac o gomedi i rywbeth sydd bron yn drasig'. Yn *Y Dreflan* gwelir rhagrith fel rhywbeth i chwerthin am ei ben; yn *Enoc Huws* edrychir ar amryw weddau ar ragrith ond y brif wedd yw rhagrith Capten Trefor, rhagrith sy'n beryglus oherwydd ei fod yn twyllo pawb; yn *Rhys Lewis* dangosir fod hyd yn oed y bobl orau yn gorfod twyllo er mwyn cadw wyneb; yn *Gwen Tomos* ceisir dianc rhag rhagrith, ond gwneir hynny drwy syrthio i sentimentaliti rhamantus.

Gellid amau rhai o bwyntiau John Gwilym: ef fyddai'r olaf i hawlio cydsyniad gant y cant, oblegid pwysleisiodd dro ar ôl tro, fel y gwelsom, mai peth goddrychol ydyw beirniadaeth lenyddol, ond os oedd David Cecil yn iawn pan ddywedodd, fel y clywsom eisoes gan John Gwilym mai 'swydd beirniad yw taflu goleuni ar lyfrau, diffinio natur y bodlonrwydd neu'r anfodlonrwydd a roddant inni, dadansoddi'r amodau a roddodd fod iddynt ac yn enwedig y grefft a'r gelfyddyd neu'r diffyg crefft a chelfyddyd sydd yn eu hadeiladaeth . . . ' yna fe gyflawnodd John Gwilym ei swydd yn benigamp yn ei lyfr *Daniel Owen*.

'R wyf wedi fy nghyfyngu fy hun i'r hyn y mae John Gwilym wedi ei sgrifennu o bryd i'w gilydd gan adael allan lawer iawn— yn eu plith, ei ymdriniaeth dreiddgar â barddoniaeth gynnar W. J. Gruffydd. Fe allaswn fod wedi seilio rhai o'm sylwadau ar ei waith anghyhoeddedig fel darlithydd, a'i waith fel y'i hadlewyrchir yn ysgrifau a thraethodau rhai o'i ddisgyblion, ond aeth y drafodaeth hon eisoes yn rhy hir, ac eto, rhaid i mi gyfeirio at un o weithiau John Gwilym sy'n rhannol gyhoeddedig a rhannol anghyhoedd-edig, sef ei waith ar farddoniaeth R. Williams Parry.

Efallai fod gan bob beirniad llenyddol ei arwr llenyddol, yr un sy'n gosod y safon iddo. Er mai fel nofelydd, fel storïwr byr ac fel dramodydd y mae ef wedi gwneud enw iddo'i hun, ni ddylai fod yn annisgwyl i'r sawl a'm darllenodd hyd yma, mai'r bardd yw'r llenor *par excellence* i John Gwilym, ac yn sicr ni fydd yn ddim newydd i'r sawl sy'n ei adnabod ef a'i waith, glywed mai'r bardd Cymraeg pennaf un iddo, mai'r paragon iddo ef ydyw R. Williams Parry.

Ryw ddydd, fe obeithiwn, fe gawn lyfr ganddo ar waith R. Williams Parry. Mae prif linellau'r llyfr yn hysbys oddi wrth yr hyn y mae wedi ei sgrifennu ohono eisoes, nid, ysywaeth, mewn drafft o lyfr, ond er mawr galondid i ni, mewn nifer o erthyglau.

Fel llawer o feirniaid eraill, gwelodd John Gwilym bwysigrwydd ac arwyddocâd y soned 'Adref' yng ngwaith R. Williams Parry, gyda'r gyffes:

> Bu amser pan ddewisais rodio ar led,—
> Gan roddi heibio'm genedigaeth fraint . . .

Ond,

> Ond hiraeth doeth y galon adre a'm dug
> Oddi ar ddisperod bererindod serch,
> I brofi o'r gwirionedd sy'n y grug,
> Ac erwau crintach yr ychydig gerch.
> Digymar yw fy mro trwy'r cread crwn,
> Ac ni bu dwthwn fel y dwthwn hwn.

Dyna un o'r ddau ddewis mawr a wnaeth Williams Parry. Nid yw'r ail yn cael ei fynegi mewn termau mor syml, oblegid nid yw'n ddewis mor anghymhleth â'r dewis rhwng y personol a'r gorffennol, rhwng realaeth a rhamantiaeth, ond nid yw, serch hynny, yn llai tyngedfennol na llai dirdynnol. Wyneb yn wyneb â dirgelwch bywyd, ei arswyd a'i ing, gwahoddir y bardd i fabwysiadu'r naill neu'r llall o ddwy olygwedd ar fywyd, yr un wyddonol a'r un grefyddol, neu gwahoddir ef i ddewis y naill neu'r llall o ddwy 'Ddinas Noddfa'.

> Pan yrr y Sêr eu cryndod drwy dy waed
> Gan siglo dy gredoau megis dail;
> Pan brofo'r Nos y pridd o'r hwn y'th wnaed,
> A'i hofn yn chwilio'th sylwedd hyd i'th sail;
> Neu pan wrandewi rigwm trist y Môr
> Sy'n dweud yn dywyll ei lesmeiriol gŵyn,
> A'r Gwynt sy'n mynd a dyfod heibio'th ddôr
> Yn gryg drwy'r coedydd, ac yn floesg drwy'r brwyn;
> Dilyn y doeth, a chyfod iti gaer
> Lle ceffi noddfa rhag eu gormes gref,
> Yn arglwydd dy ddiddymdra, ac yn saer,
> Dy nef dy hun. Neu ynte dilyn ef
> Pan adeilado deml, nid o waith llaw,
> Goruwch dirgelwch Natur a thu draw.

Ni ddewisodd Williams Parry y naill na'r llall o'r ddwy ddihangfa hyn; yn hytrach, dewisodd aros yng nghanol ing bywyd a chreu rhywbeth anfarwol ohono. Yn ôl John Gwilym, ar sail tystiolaeth Syr Thomas Parry Williams, petasai'r bardd wedi bod yn ddigon dewr, mi fuasai wedi rhoi 'R.W.P.' yn hytrach nag 'A. E. Housman' yn deitl y gerdd fawr,

> Nid ofna'r doeth y byd a ddaw
> Ar ochor draw marwolaeth.
> Ei ddychryn ef yw bod yn fyw:
> Angheuol yw bodolaeth.
>
> Heb honni amgyffred—ow! mor rhwydd—
> Gwallgofrwydd creadigaeth,
> Myfyria ar ei farwol stad
> A brad ei enedigaeth.

Mae'r sawl sydd wedi clywed John Gwilym yn darllen y ddau bennill hyn ac yn eu hesbonio ar gefndir theatr yr abswrd, gwaith dramodwyr fel Ionesco a Beckett, wedi cael rhagflas o'r ias a'r cyffro sydd mewn stôr iddo yn y llyfr, ac y mae eisoes wedi cael ei lygaid wedi eu hagor i'r gogoniant sydd yn y penillion:

> A'r hwn ni ddaeth i'r byd o'i fodd
> A dry o'i anfodd ymaith;
> Oherwydd cyn ei ddifa a'i ladd
> Ceisiodd, a chadd, gydymaith.
>
> Hwnnw yw'r ansylweddol wynt
> Sy oddeutu'r hynt yn mydru;
> Ac ar y rhith y mae'n ei weu
> Ni bydd dileu na phydru.

Y 'Gwynt', wrth gwrs, yw'r Awen, a'r 'rhith' y mae'n ei weu yw celfyddyd, y wyrth honno y cyfeirir ati yn 'Heffrod'. Gwelodd y bardd bump o heffrod 'yn brefu'r bore ac yn brefu'r hwyr'—

> Pranciant a stranciant, ond yn lleddf a llaes
> Y brefant—nid o arswyd, Duw a ŵyr,
> Ond am mai heffrod ŷnt. A daw i'm co'
> Yr heffer honno a frefa o'r hen fyd,
> A ddeil i frefu hefyd pan ddêl tro
> Y rhain i rostio yn eu braster clyd,—
> Oni wna rhywun, ar eu ffordd i'r ffwrn,
> Eu troi i gae tragywydd ar ryw wrn.

Wrth gwrs, gellir olrhain y gwahanol dyndrâu yn enaid Williams Parry fel artist ac fel dyn, ei weld yn ymroi i foethusrwydd rhamantiaeth mewn ambell gerdd fel 'Dyffryn Clwyd', ac yn ei sobri ei hun i realaeth yn 'Y Peilon', ei weld yn ei geryddu ei hun yn 'Bardd yr Oed a'r Rhedyn' ...

> Y Macwy, clyw y gwcw lon
> Yn canu cywydd newydd sbon
> O rwbel yr hen chwarel hon ...

ac yn ei gyfiawnhau ei hun yn Propaganda'r Prydydd'.

> Ni pherthyn y bardd i'r byd fel i Natur werdd
> Ac ni wna gyfaddawd ag ef fel y bydol-ddoethyn ...

I John Gwilym mae pob bardd yn fyw iawn yn ei bum synnwyr; hyn sydd yn pennu'r math o iaith a ddefnyddia, iaith sy'n apelio at y synhwyrau ac yn drymlwythog o ddelweddau, ac felly mae 'Gofuned' R. Williams Parry yn ofuned pob bardd, ac yn wir, yn ofuned pob llenor.

> Rhyfedd yw gweled tonnau'r aig
>     Fel ysgyrnygus gŵn
> Ddannedd yn nannedd gyda'r graig
>     Heb glywed dim o'u sŵn;
> Eu gweld â llygad llym
> Y byddar yn ei rym.
>
> Rhyfedd yw gwrando'r nos ar lef
>     Rhyw anweledig lu,
> Pan fo soniarus yn y nef
>     Y gwyddau gwylltion fry:
> A'u gwrando fel y bydd
> Y dall yn gwrando'r dydd.
>
> Pe cawn gan fywyd ddewis dawn
>     I'w 'marfer hyd fy medd,
> Dewiswn allu medi'n llawn
>     Ddau hyfryd faes a fedd;
> A'u lloffa fel y gall
> Y byddar doeth a'r dall.

Caiff John Gwilym hwyl ar ddadlennu cywreinrwydd crefft a chelfyddyd Williams Parry—ei ddefnydd o eiriau, yn enwedig o ansoddeiriau, ac o ambell air neu ymadrodd tafodieithol—*llymbar*, *yn deg*, ei ffordd o wrthbwyntio mydr a rhythm, ei ddull o gael gan yr odl wneud mwy o lawer na chreu patrwm o sŵn, ei gyfeiriadaeth, etc., etc.

Ond nid yn annisgwyl, y mae John Gwilym yn gofyn gan y bardd fel gan y nofelydd am ryw weledigaeth gyson ar fywyd, ac fel y mae'n digwydd, mae gweledigaeth Williams Parry yn un sydd wrth fodd ei galon yntau. Ceir cipolwg arni mewn cerddi fel 'Y Pagan', 'Cobler y Coed' ac yn arbennig o drawiadol yn 'Y Gwyddau'. Canwyd hon ar fesur sy'n rhan o fesur carol, 'Gwêl yr Adeilad', mesur a welir ar ddiwedd 'Gweledigaeth Cwrs y Byd' yn *Gweledigaethau'r Bardd Cwsg*, yn union fel y canwyd 'A. E. Housman' ar fesur salm, y mesur a anfarwolwyd gan Edmwnd Prys, ac y mae'r gerdd i gyd yn sylweb eironig ar ddynion a'u bywyd. Caiff John Gwilym hwyl ar ddangos effeithiau gwyrthiol y rhythm, swyddogaeth ystyrlon yr odli, gwerth y gyfeiriadaeth— y wreigdda'n ein hatgoffa o'r wreigdda yn *Llyfr Mawr y Plant*, y Farchnad Fawr gyda'r cyflythreniad *F* . . .*F* . . . yn ein hatgoffa o'r *Farn Fawr* (a 'Chywydd y Farn Fawr'), a'r 'orymdaith gwyddau' yn dwyn i gof *goose-step* y Nazïaid (er mai 1924 yw'r dyddiad wrth y gerdd).

> Ac yn sŵn a golwg angau
> Dehonglais chwedl y cangau
> I'r adar ffôl.

> 'Gan hynny nac arhowch
> Ond ar esgyll llydain ffowch
> Cyn dyfod awr
> Pan êl y wreigdda â'i nwyddau,
> Ymenyn, caws a gwyddau
> I'r Farchnad Fawr!'

> Eithr ffei o'r fath gelwyddau!
> Gwawdlyd orymdaith gwyddau
> Ffurfiwyd mewn trefn.

> Ac yna hyrddiau amal
> Eu hunfryd grechwen gwamal
> Drachefn a thrachefn.

Mae bardd mawr yn galw am feirniad mawr. Mae'n eironig ond y mae'n wir: er i Fardd yr Haf a'r Gaeaf dreulio dros ugain mlynedd yn Adran y Gymraeg yng Ngholeg y Brifysgol, Bangor, bu'n fwy o bresenoldeb i fyfyrwyr yr Adran honno yn ystod yr ugain mlynedd diwethaf, ymhell ar ôl iddo ymddeol a marw, nag yr oedd cyn hynny, ond teg yw chwanegu na fuasai John Gwilym yntau wedi bod yn gymaint o bresenoldeb fel beirniad llenyddol yno oni bai fod Bardd yr Haf a'r Gaeaf wedi bod ar hyd yr amser wrth ei benelin.

O.N. Ysgrifennwyd y bennod hon cyn i'r Dr. John Gwilym Jones draddodi a chyhoeddi ei ddarlith ar 'Swyddogaeth Beirniadaeth yn Eisteddfod Genedlaethol Rhuthun ym 1973.

# JOHN GWILYM JONES—RHESTR DDETHOL O'I WEITHIAU

*wedi ei chasglu gan Bedwyr Lewis Jones a Merfyn Morgan*

## DRAMÂU

*Y Brodyr*: Dramâu Cyfres y Brython, rhif 47D: Lerpwl, d.d.
*Diofal yw Dim* (Drama arobryn Eist. Gen. 1939): Caerdydd, 1942.
*Dwy Ddrama*: *Lle Mynno'r Gwynt* a *Gŵr Llonydd*: Gwasg Gee, Dinbych, 1958.
*Y Tad a'r Mab*: Gwasg y Glêr, Aberystwyth, 1963; Gwasg Gomer, Llandysul, 1970.
*Hanes Rhyw Gymro*: Cymdeithas y Cymric a Chymdeithas y Ddrama Gymraeg, Coleg y Brifysgol, Bangor, 1964.
*Pedair Drama* ('Hynt Peredur', 'A Barcud yn Farcud Fyth', 'Yr Oedfa', 'Pry Ffenast'): Gwasg Gee, Dinbych, 1971.
*'Rhyfedd y'n Gwnaed'*: tair drama fer ('Tri Chyfaill', 'Dwy Ystafell', 'Un Briodas') a gyflwynwyd yn Eist. Gen. Bangor 1971.

## NOFELAU

*Y Dewis* (Nofel fuddugol Eist. Gen. 1939); Gwasg Gee, Dinbych, 1942.
Pennod o gychwyn nofel: *Yr Arloeswr*, rhif 1, Haf 1957, tt. 14-24.

## STORÏAU

*Y Goeden Eirin*: Gwasg Gee, Dinbych, 1946.
'Nychdod': *Y Ford Gron*, Mehefin 1931, tt. 12-3.
'Dyletswydd' yn Islwyn Ffowc Elis (gol.), *Storïau'r Deffro*, Caerdydd, 1959, tt. 51-8.

## ATGOFION

*Capel ac Ysgol* (Darlith flynyddol Llyfyrgell Pen-y-groes): Llyfrgell Sir Gaernarfon, 1970.
'Atgofion': *Atgofion*, Cyfrol 1, Gwasg Tŷ ar y Graig, 1972, tt. 86-119.
(Dwy sgwrs radio yn y gyfres 'Y Llwybrau Gynt. Cyhoeddwyd rhan ohonynt, 'Y Seiat oedd y Bwgan', yn *Y Gwrandawr*, atodiad *Barn*, Mawrth 1971).

## BEIRNIADAETH LENYDDOL

*William Williams Pantycelyn*: cyfres Gŵyl Ddewi Gwasg Prifysgol Cymru, Caerdydd, 1969.
*Goronwy Owen's Virginian Adventure*: Botetourt Publication, rhif 2; Williamsburg, Virginia, 1969.

*Daniel Owen*: Gwasg Gee, Dinbych, 1970.

'Crefft y Stori Fer' (yr awdur yn ateb cwestiynau ynglŷn â'i waith): Saunders Lewis (gol.) *Crefft y Stori Fer*, (1949), tt. 64-77.

'Robert Williams Parry': R. Williams Parry, *Yr Haf a Cherddi Eraill*, arg. newydd Gwasg y Bala, 1956, tt. VII-XIV; arg. Gwasg Gee, Dinbych, 1970, tt. 9-16.

'Ein Hetifeddiaeth—iaith a Llenyddiaeth' (Darlith yn Ysgol Haf Plaid Cymru): *Baner ac Amserau Cymru*, 15 Awst, 1956, t.5.

'Ysgrifennu Drama': *Lleufer*, Gwanwyn 1959, tt. 15-19.

'Drama yng Nghymru': *Llythyr Ceridwen*, Hyd. 1961, tt. 8-9.

'No Man's Land' (sylwadau ar lenyddiaeth Eingl-Gymraeg): *Lookout* (papur y myfyrwyr yng Ngholeg y Brifysgol, Bangor), Tachwedd. 1961, t.4.

'Drama Heddiw': J. E. Caerwyn Williams (gol.) *Llên Ddoe a Heddiw* (1964), tt. 19-42.

'Syr John Morris-Jones': *Barn*, Ion. 1956, t. 70. (Hefyd dan y teitl 'Pensaernïaeth y Bardd': *Môn*, Gwanwyn 1965, tt. 14-16.)

'Cyfoethogwyr Ein Hetifeddiaeth Lenyddol': *Y Traethodydd*, Hyd. 1956, tt. 164-177.

'Barddoniaeth Gynnar W. J. Gruffydd': *Ysgrifau Beirniadol*, 1 (1965), tt. 65-88.

'Gwyn Thomas: Cyflwyniad': Gwyn Thomas, *Chwerwder yn y Ffynhonnau*, (1965).

'Enoc Huws': *Ysgrifau Beirniadol*, II (1966), tt. 12-24.

'Edward Riichard ac Evan Evans (Ieuan Fardd)': Dyfnallt Morgan (gol.), *Gwŷr Llên y Ddeunawfed Ganrif*, (1966), tt. 121-8.

'Yr Ysgrifau': Idris Foster (gol.), *Cyfrol Deyrnged Syr Thomas Parry-Williams*, (1967), tt. 42-8.

'Hunangofiant fel Llenyddiaeth': *Ysgrifau Beirniadol*, III (1967), tt. 127-42.

'Barddoniaeth yn yr Ysgol': *Cymraeg fel Mamiaith* (Pwyllgor Addysg Sir Gaernarfon, 1967), tt. 40-5.

'Y Nofel': *Taliesin*, Rhagfyr 1967, tt. 50-62.

'Nodyn ar Gyfeiriadaeth gyda sylw arbennig i ddeunydd R. Williams Parry ohono': *Y Traethodydd*, Ionawr. 1968, tt. 1-11.

'Y Byw Sy'n Cysgu': Bobi Jones (gol.), *Kate Roberts: Cyfrol Deyrnged* (1969), tt. 111-21.

'Dramâu Beriah Gwynfe Evans (1848-1927)': Dyfnallt Morgan (gol.) *Gwŷr Llên y Bedwaredd Ganrif ar Bymtheg* (1969), tt. 255-67.

'Gwerth Drych y Prif Oesoedd fel Hanes': *Ysgrifau Beirniadol*, IV (1969), tt. 83-97

'Emyn gan Bantycelyn' (Dyfyniad o'r gyfrol *William Williams Pantycelyn*, 1969): *Y Traethodydd*, Ionawr 1970, tt. 9-12.

'Moderniaeth mewn Barddoniaeth': *Ysgrifau Beirniadol*, V (1970), tt. 167-80.

'Dŵr o Ffynnon Kate Roberts' (Gwerthfawrogiad o *Prynu Dol*): *Baner ac Amserau Cymru*, 19 Mawrth 1970.

'R. T. Jenkins y llenor': *Y Traethodydd*, Ebrill 1970, tt. 83-8.
'Beth yw Llenyddiaeth?' *Ysgrifau Beirniadol*, VI (1971), tt. 283-98.
'Yr Emyn fel Barddoniaeth': *Bwletin Cymdeithas Emynwyr Cymru*, rhif 5 (1972), tt. 113-32.

## ADOLYGIADAU

*O'r Newydd* (casgliad o storïau wedi eu golygu gan Olwen Llywelyn Walters): *Baner ac Amserau Cymru*, 22 Medi 1948, t. 7.
*Stryd y Glep* (Kate Roberts): *Lleufer*, Gaeaf 1949, tt. 199-201.
*Y Bryniau Pell* (Jane Ann Jones): *Lleufer*, Gaeaf 1949, tt. 199-201.
*Cefn Ydfa* (Geraint Dyfnallt Owen): *Y Fflam*, Awst 1950, tt. 59-60.
*Eisteddfod Bodran a Gan Bwyll* (Saunders Lewis): *Lleufer*, Gaeaf 1952, tt. 197-203.
*The Black Four Master and other stories* (Hugh Gill): *Lleufer*, Haf 1955, tt. 102-3.
*Ffenestri Tua'r Gwyll* (Islwyn Ffowc Elis): *Llafar*, Gŵyl Ddewi 1956, tt. 98-100.
*'Gymerwch Chi Sigaret?* (Saunders Lewis): *Baner ac Amserau Cymru*, 9 Ionawr 1957, t.3.
*Canu Chwarter Canrif* (Iorwerth C. Peate): *Y Clorianydd*, 18 Rhagfyr 1957.
*Brad* (Saunders Lewis): *Y Ddraig Goch*, Rhagfyr 1958, t.7.
*Y Tri Llais* (Emyr Humphreys): *Yr Arloeswr Newydd*, Hydref 1959, tt. 17-8.
*I'r Arch* (Bobi Jones): *Yr Arloeswr*, Pasg 1960, tt. 44-8.
*Esther a Serch Yw'r Doctor* (Saunders Lewis): *Y Dyfodol* (papur y myfyrwyr yng Ngholeg y Brifysgol, Bangor), 8 Mai 1961, t. 3.
*Tywyll Heno* (Kate Roberts): *Barn*, Mawrth 1963, tt. 150-1.
*Ar Lwybr Ffantasi* (Gwilym T. Hughes): *Barn*, Tachwedd 1966, t. 20.
*Ac Onide* (J. R. Jones): *Taliesin*, Rhagfyr 1970, tt. 126-31.

## BEIRNIADAETHAU EISTEDDFODOL

Bu John Gwilym Jones yn feirniad llenyddiaeth mewn llu o eisteddfodau mawr a bach ac yn ei feirniadaethau ef, yn anad neb arall o'i gyfoeswyr efallai, fe geir yn aml ymdriniaethau cyfoethog â natur a chrefft llenyddiaeth. Yma nodir detholiad o'i feirniadaethau yng nghyfrolau *Cyfansoddiadau a Beirniadaethau* gwahanol Eisteddfodau Cenedlaethol.

Ffantasi ddramatig ar ffurff o ymddiddan: Aberpennar, 1940, tt. 196-7.
Drama un act: Hen Golwyn, 1941, tt. 172-5.
Nofel fer: Aberteifi, 1942, tt. 151-5.
Drama un-act wreiddiol: Rhosllannerchrugog, 1945, tt. 138-41.
Drama fer wreiddiol: Bae Colwyn, 1947, tt. 205-9.
Nofel fer seicolegol: Caerffili, 1950, tt. 168-70.

Detholiad o 30 o ddarnau cyd-adrodd: Caerffili, 1950, tt. 258-60.
Cyfrol o ryddiaith greadigol: Llanrwst, 1951, tt. 157-8.
Cyfieithu a chyfaddasu drama hir: Aberystwyth, 1952, tt. 200-2.
Nofel: Y Rhyl, 1953, tt. 118-21.
Drama wreiddiol hir (beirniadaeth ar y cyd gyda D. Matthew Williams):
Ystradgynlais, 1954, tt. 214-20.
Nofel hir: Aberdâr, 1956, tt. 115-7.
Drama wreiddiol hir: Llangefni, 1957, tt. 213-7.
Drama wreiddiol hir: Dyffryn Maelor, 1961, tt. 153-7.
Drama wreiddiol hir: Llanelli, 1962, tt. 202-10.
Drama wreiddiol hir: Llandudno, 1963, tt. 166-72.
Nofel: Abertawe, 1964, tt. 122-33.
Stori fer: Maldwyn, 1965, tt. 164-9.
Beirniadaeth ar ddrama hir Gymraeg ac ar y cyflwyniad ohoni: Aberfan,
1966, tt. 187-91.
Pryddest: Y Bala, 1967, tt. 35-8.
Saith stori fer: Y Barri, 1968, tt. 114-9.
Trosiad o unrhyw ddrama hir gan awdur Americanaidd: Y Barri, 1968, tt.
172-3.
Y Fedal Ryddiaith (Gwaith creadigol yn dangos tyndra rhwng dyn a'i gyd-
wybod): Y Fflint, 1969, tt. 100-3.
Traethawd beirniadol (Barddoniaeth Thomas Gwynn Jones): Bangor, 1971,
tt. 102-4.


CYFIEITHIADAU O DDRAMÂU: sef y prif rai sydd heb eu cyhoeddi.
'Cilwg yn Ôl': cyf. o *Look Back in Anger* (John Osborne)
'Y Crochan': cyf. o *The Crucible* (Arthur Miller)
'Pwy Sy'n Iawn?': cyf. o *The Collection* (Harold Pinter)
'Yr Aduniad': cyf. o *The Family Reunion* (T. S. Eliot)
'Fersiwn Browning': cyf. o *The Browning Version* (Terence Rattigan)
'Noson Allan': cyf. o *Night Out* (Harold Pinter)